L'Anankéisme

L'Anankéisme

Essai philosophique
sur le déterminisme intégral

Richard Dern

Édition : BoD · Books on Demand, 31 avenue Saint-Rémy, 57600 Forbach, bod@bod.fr

Impression : Libri Plureos GmbH, Friedensallee 273, 22763 Hamburg (Allemagne)

DOI : 10.5281/zenodo.15313161
ISBN : 978-2-3226-3490-3

Dépôt légal : Mai 2025

Table des matières

Préface

Le présent texte introduit une construction philosophique dont l'ambition est de rendre compte, avec la plus grande rigueur possible, de la structure fondamentale du réel. Il s'appuie sur un principe unique : **tout phénomène — réel, conceptuel ou fictif — résulte d'un enchaînement causal intégral.** Ce dernier inclut non seulement ce qui est observable et ce qui ne l'est pas, mais aussi ce que la pensée humaine produit sous forme d'abstraction : le fictif, dès lors qu'il est formulé, procède nécessairement de causes déterminées, même s'il ne désigne aucun objet réel.

Il ne s'agit pas ici de défendre une thèse, de proposer une nouvelle morale, ni de délimiter un champ de réflexion spécifique. L'objectif est de **formuler un système général, non contradictoire, intégralement déductif**, à partir d'un noyau d'axiomes explicites.

Le nom *Anankéisme* dérive du grec ancien ἀνάγκη (*Anankê*), que l'on traduit traditionnellement par "contrainte", "force nécessaire" ou "nécessité implacable". Dans la pensée grecque, ce terme désigne ce qui ne peut être autrement qu'il n'est, et ce, indépendamment de toute volonté ou intention[1]. Chez Parménide, Platon ou dans les *Hymnes orphiques*, *Anankê* est parfois personnifiée comme une puissance originelle, à laquelle même les dieux doivent se soumettre.

Dans le présent cadre, ce terme est repris **dépouillé de toute signification mythologique ou religieuse**, et redéfini comme **l'expression impersonnelle de la causalité absolue**. Le mot *Anankéisme* n'est donc pas qu'un clin d'œil historique : c'est un choix terminologique précis, qui désigne une philosophie dans laquelle **tout effet découle mécaniquement de ses causes**, sans exception ni extériorité. Ce glissement sémantique est volontaire, et s'inscrit dans une tradition philosophique fréquente consistant à réemployer des termes anciens en leur assignant une définition rigoureusement différente.

L'Anankéisme n'est pas une pensée du confort, ni de l'espoir, ni de la transformation intérieure. Il ne propose ni salut, ni harmonie, ni dépassement. Il ne prétend pas offrir un sens à la vie, ni à la mort, ni à l'univers. Il ne se veut ni thérapeutique, ni pragmatique. Son objet est plus radical : **exposer ce qui, dans la structure du réel, ne dépend d'aucun point de vue.**

---

1. Voir (Wikipédia 2024).

L'Anankéisme s'adresse à tout lecteur disposé à suivre une construction logique sans recourir à l'expérience subjective ni aux présupposés sociaux.

À partir de ses fondements, le système aborde des notions centrales : la vie, l'intelligence, la conscience, l'éthique, la transformation, la mort. Mais il ne les traite pas comme des concepts humains : il les reformule comme **propriétés mécaniquement issues d'un enchaînement déterminé**, pouvant être décrites indépendamment du langage, de la culture, de la perception ou de la volonté. Ce faisant, il constitue une base potentielle pour **une pensée unifiée du vivant, du fonctionnel, du sensé, du souffrant.**

Ce système peut être considéré comme un **modèle intellectuel**, au sens où certains objets mathématiques sont conçus pour explorer une logique interne, indépendamment de leur application immédiate. Il n'entre pas en contradiction avec les démarches scientifiques, mais il n'en partage ni les méthodes, ni les critères de validation. L'Anankéisme ne revendique aucune autorité sur le réel. Il offre un cadre structuré, dont la cohérence permet de revisiter certains débats aujourd'hui figés, tels que ceux sur le libre arbitre, l'indéterminisme ou la notion de vérité.

Il ne s'agit pas d'un système à adopter, mais d'un outil à confronter. Si ses fondements se maintiennent, ses conséquences devront être examinées. Sinon, il devrait au moins servir à **réanimer l'exigence de cohérence**, dans une époque où la pensée est trop souvent dissoute dans l'opinion.

Ce texte ne cherche pas à convaincre. Il cherche à être testé.

Introduction

Pourquoi une nouvelle philosophie?

Depuis l'Antiquité, la philosophie occidentale a produit un grand nombre de systèmes visant à rendre compte du réel, de la pensée ou de la valeur. Des constructions aussi diverses que le platonisme, le stoïcisme, le cartésianisme, le criticisme kantien ou encore l'existentialisme ont tenté de proposer des cadres cohérents, en articulant expérience, raison, et parfois révélation ou intuition. Mais ces systèmes, bien que puissants, reposent sur de multiples fondements : perception sensible, subjectivité, foi en une volonté libre, ou axiomes moraux irréductibles. Même des démarches plus récentes, comme le pragmatisme de William James ou le structuralisme de Claude Lévi-Strauss, postulent des contraintes conceptuelles ou anthropologiques qui ne peuvent être déduites logiquement d'un principe unique.

Il existe bien des pensées fondées sur un noyau rationnel minimal : le rationalisme logique, la phénoménologie husserlienne dans sa première forme, ou certains courants contemporains de philosophie analytique. Mais elles supposent toutes, à un moment ou à un autre, un point de départ subjectif : une expérience vécue, une intuition directe, une perception initiale ou une présupposition non démontrée.

L'Anankéisme repose sur une exigence différente : établir un système intégralement fondé sur la causalité absolue, sans recours ni à l'expérience comme critère de vérité, ni à l'intuition, ni à la valeur. Ce refus de l'expérience comme fondement ne constitue pas un rejet de la méthode scientifique, mais une volonté d'explorer ce qui peut être établi sans dépendre de l'observation, ni de la subjectivité de l'observateur. L'objectif n'est pas de nier le rôle de l'expérience dans la connaissance, mais de construire un système qui reste valide même en l'absence de toute perception.

Cette exigence de rigueur ne vise pas à imiter la méthode scientifique ni à disqualifier d'autres démarches. Elle constate simplement qu'un certain nombre de philosophies contemporaines intègrent des éléments incohérents ou indéfinis à leur structure, souvent pour préserver une ouverture à la complexité du monde. Ce type d'ouverture est, dans le champ scientifique, non seulement légitime, mais nécessaire : il permet de formuler des modèles opératoires, de progresser malgré l'incertitude, et de construire des hypothèses fécondes. Mais une philosophie axiomatique n'est pas soumise aux mêmes contraintes : elle peut, précisément parce qu'elle ne se veut pas expérimentale, **poser une exigence de cohérence absolue**, indépendante du degré d'avancement des connaissances.

C'est dans cette distinction que l'Anankéisme trouve sa place : non comme concurrent des sciences, mais comme tentative de construction logique sans recours à l'incomplétude — entendue ici non au sens des théorèmes de Gödel[2], mais comme le refus volontaire d'utiliser des éléments indéfinis, contradictoires ou arbitraires dans la structure même du système. Là où la science doit composer avec les limites de l'observation et du calcul, l'Anankéisme explore **ce qui pourrait être logiquement reconstruit**, sans approximation ni hypothèse *ad hoc*.

On peut citer, par exemple, les interprétations philosophiques de la mécanique quantique qui affirment l'existence d'événements fondamentalement acausaux — comme dans l'interprétation de Copenhague[3]. Ce type d'approche, rigoureuse dans son cadre, repose sur un positionnement métho-

---

2. Les théorèmes d'incomplétude de Gödel démontrent qu'au sein de tout système formel cohérent et suffisamment puissant pour exprimer l'arithmétique, il existe des vérités qui ne peuvent être prouvées à partir de ses axiomes. (Gödel 1992)

3. L'interprétation de Copenhague, développée notamment par Niels Bohr et Werner Heisenberg, propose que les propriétés d'un système quantique ne sont pas définies avant leur mesure, et que certains événements (comme le résultat d'une mesure) sont fondamentalement indéterminés. (Doyle 2025)

dologique : l'acceptation d'un indéterminisme observé, en l'absence de cadre causal exploitable. Ce choix, parfois interprété comme un compromis pragmatique, permet de poursuivre l'élaboration des modèles sans attendre de solution ontologique définitive. L'Anankéisme, en tant que système déductif, choisit de ne pas intégrer cette suspension de la causalité. Il considère que l'absence de cause formulable n'implique pas nécessairement l'absence de cause réelle, et qu'un effet sans cause ne peut être élevé au rang de principe.

Dans un autre registre, certaines épistémologies issues du pragmatisme — notamment celles de William James, John Dewey ou Richard Rorty — font de la "vérité pragmatique" un critère légitime de validité : est tenu pour vrai ce qui permet d'agir efficacement, de résoudre un problème ou de s'accorder socialement. Cette conception de la vérité trouve une efficacité réelle dans des domaines appliqués, où l'objectif n'est pas la cohérence interne, mais l'utilité — par exemple en ingénierie, en pédagogie ou en communication. Toutefois, une telle approche repose sur des critères contingents : ce qui "fonctionne" ici et maintenant peut ne plus fonctionner ailleurs ou plus tard. L'Anankéisme, en refusant toute variabilité fondatrice, considère que l'utilité d'un énoncé ne garantit en rien sa validité logique ou ontologique.

Enfin, certaines disciplines des sciences humaines ont tenté d'unifier leurs approches autour de concepts transversaux — comme "structure" dans le structuralisme (Lévi-Strauss), "volonté de puissance" chez Nietzsche, "relation" dans certaines sociologies postmodernes, ou "singularité" en psychanalyse ou en anthropologie critique. Ces notions, bien qu'intellectuellement fécondes, ne disposent pas de définitions stables entre les écoles, ni parfois au sein d'une même tradition. Elles fonctionnent souvent comme des cadres interprétatifs, ouverts à la variation contextuelle, mais difficiles à intégrer dans un raisonnement strictement déductif.

Cela ne les rend ni illégitimes, ni inutiles. Dans leur cadre propre — celui de l'interprétation, de la mise en récit, ou de la construction de sens — elles remplissent un rôle essentiel. Mais un système philosophique fondé sur des concepts mobiles ne peut prétendre à une cohérence logique stricte. C'est pourquoi l'Anankéisme, sans nier la fécondité de ces approches, choisit de n'en retenir aucune comme base initiale.

C'est dans cette faille logique que s'inscrit l'Anankéisme : non pour proposer une nouvelle école de pensée, mais pour **construire une structure minimale**, intégralement déductive, dans laquelle les concepts fondamentaux — telles que la vie, l'intelligence ou la conscience — peuvent être formulés **sans dépendre du point de vue humain ou anthropocentré.** Ces catégories feront l'objet d'une reformulation rigoureuse dans les chapitres suivants.

Cette position ne revendique ni l'originalité, ni la supériorité, ni la vérité. Elle postule seulement que, si **tout ce qui existe**

ou est pensé résulte mécaniquement d'une chaîne causale, alors cette chaîne peut être reconstruite **comme un système logique indépendant de toute perception.** Non pas tel que le réel nous apparaît, mais tel qu'il est nécessairement, **avec ou sans observateur.**

L'Anankéisme assume un déterminisme absolu, dans la continuité du modèle laplacien[4] : tout phénomène, en tout lieu, à tout moment, découle mécaniquement d'un état antérieur selon une chaîne causale continue, indépendamment de sa formulation actuelle. Cette position contraste avec certaines interprétations contemporaines de la mécanique quantique, qui tiennent l'indétermination pour une propriété fondamentale du réel. L'Anankéisme n'en conteste pas les résultats expérimentaux, mais propose une lecture différente : l'indétermination actuelle ne prouve pas l'absence de cause ; elle peut tout aussi bien signaler la limite temporaire de nos modèles ou de notre capacité à formaliser une causalité plus complexe. À ce titre, l'Anankéisme ne réfute pas la science — il choisit simplement de poursuivre une exigence de cohérence causale que les modèles actuels, pour des raisons méthodologiques ou conceptuelles, ont suspendue.

Ce système, enfin, ne repose sur aucun engagement dogmatique. Il ne réclame pas d'adhésion, ne propose aucune voie

---

4. Le modèle laplacien, formulé par Pierre-Simon de Laplace, postule qu'un esprit connaissant parfaitement l'état présent de l'univers et les lois qui le régissent pourrait prédire avec certitude l'ensemble des événements futurs. (LAPLACE 2009)

de salut, ne fonde aucune communauté. Il ne vise ni la consolation, ni la réforme, ni la mobilisation. Il ne promet rien, n'interdit rien — il se borne à tirer, avec cohérence, les conséquences d'un principe unique : l'absence absolue d'exception.

En quoi l'Anankéisme est-il distinct?

L'Anankéisme se distingue des autres courants philosophiques contemporains par trois principes structurants, qui forment ensemble son exigence de cohérence maximale. Chacun de ces principes constitue une rupture nette avec certaines tendances dominantes en philosophie et en épistémologie, sans toutefois les invalider dans leur cadre propre. Ce sont des choix méthodologiques, non des rejets dogmatiques.

Refus du subjectivisme et de l'expérience comme fondement de validité

L'Anankéisme n'accorde aucune valeur fondatrice à la perception, à l'intuition ou à la conscience subjective. Il ne s'agit pas d'un scepticisme radical à l'égard de l'expérience, ni d'un idéalisme abstrait : simplement d'un choix méthodologique de construire un système **dont la validité ne dépend pas d'un observateur particulier, humain ou non.**

Ce principe permet d'éliminer toute circularité entre la conscience qui affirme une vérité et la vérité qui se fonde sur cette conscience. Il postule que la structure du réel ne varie pas selon l'angle depuis lequel elle est perçue, et que toute proposition valide doit pouvoir être formulée **sans appel à une intériorité.**

Incompatibilité avec toute forme de pragmatisme épistémologique

L'Anankéisme rejette l'idée selon laquelle ce qui est "utile" ou "fonctionnel" dans un contexte donné peut être tenu pour vrai. Il ne s'agit pas d'un rejet de l'opérationnalité scientifique ou technique, mais d'un refus de confondre **validité logique** et **efficacité locale.**

La réalité, dans l'Anankéisme, n'est ni relative, ni évolutive, ni contextuelle, ni consensuelle. Elle ne se déduit pas de la réussite d'une action, mais de sa **cohérence interne avec un système causal intégral.** Ce choix le distingue clairement des épistémologies pragmatiques ou des conceptions instrumentales de la science.

Exclusion radicale de l'indéterminisme comme principe de structure

L'Anankéisme repose sur un postulat fondamental : **tout effet a une cause, même si celle-ci demeure hors de portée de notre connaissance actuelle.** Ce principe le rend incompatible avec toutes les théories — philosophiques, scientifiques ou métaphysiques — qui posent l'indétermination comme une propriété constitutive du réel.

Il ne s'agit pas ici de contester les résultats expérimentaux des sciences contemporaines, mais de refuser que le constat d'une cause indéterminée devienne un fondement du réel. L'indéterminisme, dans cette optique, n'est pas exclu pour des raisons affectives ou morales, mais parce qu'il introduit, au sein des chaînes explicatives, un point de rupture que l'Anankéisme considère comme incompatible avec une structure causale intégrale. L'Anankéisme assume que tout phénomène du réel, quelle qu'en soit la forme ou la persistance, résulte d'un enchaînement causal strict — même si cet enchaînement demeure hors de portée pratique.

Pourquoi cette position n'a-t-elle pas été formulée plus tôt ?

La formulation d'un système logique intégralement indépendant du point de vue humain peut sembler, rétrospectivement, évidente. Pourtant, plusieurs raisons historiques et conceptuelles expliquent pourquoi une telle posture demeure marginale.

D'abord, la quasi-totalité des philosophies occidentales a pris l'humain — son expérience, sa conscience, son langage — comme point de départ ou comme mesure du pensable. Le monde est pensé depuis l'homme, et rarement en dehors de lui. Cette centralité, souvent implicite, rend conceptuellement difficile l'idée d'un système dans lequel la subjectivité n'intervient à aucun niveau de la structure.

Ensuite, plusieurs courants contemporains — notamment la pensée critique et les philosophies post-structuralistes — ont remis en cause les prétentions à l'objectivité absolue. Des auteurs comme Michel Foucault ou Jacques Derrida ont montré comment certaines formes de rationalité prétendument universelles pouvaient masquer des mécanismes de pouvoir, d'exclusion ou de normalisation. Chez Foucault, par exemple, le discours scientifique est parfois analysé comme un outil de discipline sociale, plus que comme un reflet neutre du réel; chez Derrida, la déconstruction des oppositions logiques (raison/folie, homme/femme, etc.) vise à démontrer que toute structure de pensée repose sur des hiérarchies implicites. Ces critiques ont conduit à une défiance généralisée envers toute posture universaliste, soupçonnée de dissimuler un point de vue particulier sous une apparence de neutralité.

Par ailleurs, le paradigme scientifique moderne repose sur l'expérimentation et l'observabilité. Même les théories les plus abstraites doivent, à terme, pouvoir se confronter à une forme d'expérience ou de falsifiabilité. Un système logique indépendant de toute perception se situe donc hors du périmètre de validation scientifique actuel.

Enfin, un tel système ne répond à aucune attente pratique : il ne promet ni salut, ni efficacité, ni transformation. Il ne se prête ni à la mobilisation politique, ni à l'amélioration technique, ni à la réforme morale. Il propose seulement un cadre cohérent pour repenser les notions fondamentales du réel. Ce type de projet, radicalement déconnecté de toute utilité immédiate, a peu de chances d'émerger dans des contextes dans lesquels la pensée est attendue sur le terrain de l'impact, de la réparation ou de la mobilisation.

C'est pourquoi l'Anankéisme ne cherche pas à se positionner contre ces approches, mais à explorer une voie encore peu investie : celle d'un système conceptuel sans observateur, sans finalité pratique, sans point d'ancrage empirique

— mais dont la cohérence interne permet de revisiter, de manière rigoureuse, des concepts aujourd'hui dispersés.

Quelle méthode ?

L'Anankéisme ne prétend pas se substituer à la science, ni remettre en cause ses méthodes. Il reconnaît pleinement que le paradigme scientifique moderne repose sur l'observation, l'expérimentation et la falsifiabilité. En ce sens, il se situe volontairement **hors du cadre scientifique** au sens strict — non comme opposition, mais comme **démarche parallèle**, qui explore ce que l'on peut établir **par la seule cohérence interne**, sans recourir à l'expérience.

Ce positionnement ne contredit pas la méthode scientifique : il en reconnaît les apports, les limites et l'efficacité. Mais il considère que **certaines structures du réel**, si elles sont véritablement fondamentales, doivent pouvoir être formulées **sans références à l'observateur, à l'instrumentation, ni au contexte expérimental**. Là où la science construit des modèles à partir du mesurable, l'Anankéisme formule **des énoncés logiquement nécessaires**, même s'ils ne sont pas (encore) accessibles à la vérification empirique.

Cette méthode repose sur trois principes :

Axiomatique restreinte, explicite, irréductible

Le système repose sur **un noyau minimal d'axiomes**, tous énoncés de manière explicite, sans implicite culturel, perceptif ou linguistique. Chaque axiome est formulé comme **une condition logique de validité de l'ensemble** : aucun ne peut être omis sans effondrement de la structure, ni remplacé sans modifier les conséquences fondamentales. Il ne s'agit pas d'énoncer une pluralité de principes juxtaposés, mais de ramener la structure à son noyau logique minimal, composé d'axiomes indémontrables, mais nécessaires, à partir desquels tout le reste peut être déduit sans recours à l'expérience, à l'intuition ou à la perception.

Déduction stricte, sans postulats implicites

À partir de ces axiomes, **toute proposition admise doit pouvoir être déduite**, sans recours à l'intuition, à l'exemple, ou à une quelconque adhésion préalable. Le système n'intègre **aucun postulat masqué** (comme "l'homme veut vivre", "la conscience est irréductible", ou "le langage exprime la pensée") : tout ce qui n'est pas explicitement établi comme axiome ou démontré comme conséquence est considéré comme étranger au système. Cela implique une rigueur maximale dans le passage du fondement à l'extension.

Rejet des paradoxes comme fondement

L'Anankéisme n'utilise pas les paradoxes comme point de départ ni comme révélateur d'intuition. Là où certaines philosophies cherchent dans la tension logique (contradiction apparente, double contrainte, paradoxe du sens) une fécondité dialectique, l'Anankéisme recherche **l'absence totale d'ambiguïté**. Les paradoxes ne sont pas traités comme des révélateurs, mais comme des signes d'incohérence dans la formulation ou dans les prémisses.

Pourquoi ce système a-t-il été construit ainsi ?

L'Anankéisme ne repose sur aucune révélation, ni sur une intuition fondatrice. Il est né d'une insatisfaction intellectuelle : celle de constater que même les systèmes de pensée les plus rigoureux acceptent, parfois par compromis méthodologique, certaines zones d'indétermination, des postulats implicites ou des angles morts conceptuels — compromis souvent justifiés par la nécessité d'agir, de modéliser, ou de penser malgré l'incomplétude.

Au fil des lectures et des confrontations, une exigence s'est imposée : celle d'un cadre dans lequel **rien ne puisse exister sans cause**, et où **toute conséquence soit logiquement déri-**

vable depuis un noyau initial explicite. Ce n'est ni un choix émotionnel, ni une préférence spirituelle, mais une position rationnelle : **le hasard n'explique rien.** Il ne dit rien sur ce qui advient, ni sur ce qui aurait pu ne pas advenir. Refuser cette position n'empêche ni de progresser en science, ni de produire des systèmes philosophiques féconds — mais cela implique de **renoncer à une cohérence absolue.**

L'Anankéisme procède ainsi d'un principe simple : **si quelque chose existe, c'est qu'il existe pour une raison.** Que cette cause nous échappe ne signifie pas qu'elle n'existe pas — cela indique peut-être seulement une limite temporaire de notre compréhension. Il me semble plus cohérent, d'un point de vue logique, de **postuler une cause inaccessible** que d'ériger l'absence de cause en fondement ontologique.

Ce système n'est pas une croyance, au sens religieux ou subjectif. Mais il ne relève pas non plus du champ scientifique, car il ne repose ni sur l'observation, ni sur la falsifiabilité. Il s'agit d'un système conceptuel déductif, un instrument de pensée rigoureusement formalisé, conçu pour explorer les implications logiques d'un postulat fondateur :

> *Peut-on dériver les grands concepts du réel — la vie, l'intelligence, la conscience, l'éthique — à partir d'un déterminisme absolu, sans jamais avoir recours à l'intuition, à l'expérience, ou à la perception ?*

Structure de l'ensemble

L'Anankéisme se présente comme un système construit progressivement à partir d'un noyau d'axiomes. Chaque axiome fait l'objet d'un chapitre dédié, comprenant :

— Son énoncé brut, formulé sans ambiguïté.
— Une analyse interne, visant à en tester la solidité logique et l'exactitude sémantique.
— Un examen des objections externes possibles (scientifiques, philosophiques ou intuitives), et les réponses qui peuvent leur être apportées sans trahir le système.

Ces chapitres constituent le socle du système. Ils précèdent d'éventuelles explorations ultérieures, dans lesquelles certains domaines (langage, société, mémoire, conscience collective...) pourraient être revisités à la lumière des principes posés.

Ces prolongements, s'ils voient le jour, ne modifieront jamais le noyau. Le noyau du système — constitué de ses dix axiomes — est inaltérable. En revanche, les conséquences que l'on peut en tirer sont potentiellement ouvertes. L'Anankéisme peut être étendu à de nouveaux domaines, reformuler des concepts ou proposer des modèles — mais aucune extension ne peut modifier rétroactivement ses fondements. Ce développement est possible par déduction, jamais par ajout de principe.

Le présent texte n'est pas une exposition linéaire, mais une mise à l'épreuve progressive de chaque fondement. Le lecteur est invité à ne pas juger l'ensemble depuis ses conséquences apparentes, mais à suivre pas à pas la solidité de sa construction.

Structure

1. Tout phénomène résulte d'un enchaînement causal intégral.

2. L'univers n'a ni but, ni fonction, ni direction.

3. La vérité est absolue et indépendante de toute cognition.

4. Est vivant ce qui s'autorégule par transformation d'énergie.

5. La vie émerge naturellement du déterminisme.

6. Est intelligent ce qui transforme une entrée en sortie fonctionnelle.

7. L'intelligence n'implique ni conscience, ni volonté.

8. Le principe moral universel est de ne pas perturber les autres, hors prédation.

9. L'éthique est un effet du déterminisme, sans transcendance.

10. Est mort ce qui perd définitivement sa capacité autonome de régulation.

1.1 Axiome 1

Énoncé de l'axiome

Tout phénomène résulte d'un enchaînement causal intégral.

Justification interne

Cet axiome constitue le **fondement absolu** du système. Il est :

— **Irréductible**, parce qu'aucun autre énoncé ne permet de le précéder sans l'impliquer lui-même : toute tentative d'explication repose, de fait, sur une relation de cause à effet.

— **Nécessaire**, parce que sans lui, aucune déduction n'est possible : sans chaîne causale, il n'y a ni structure, ni transformation, ni loi, ni phénomène identifiable.

— **Originaire**, parce que tous les autres axiomes du système supposent déjà ce principe pour être formulés : la vie, l'intelligence, la mort ou l'éthique n'ont de sens que dans un cadre structuré par la causalité.

Il n'est pas une hypothèse sur le monde observable, mais **une condition logique de toute formulation possible** dans le cadre de l'Anankéisme.

Cet axiome **ne se prouve pas** ; il **se pose** comme seuil d'entrée. Le système ne prétend pas démontrer qu'il est vrai — il l'utilise comme **base indépassable**, condition de lisibilité de tout ce qui suit.

Ce choix, bien qu'à contre-courant de certaines tendances philosophiques contemporaines, a été explicitement justifié dans l'introduction : il repose sur le refus de toute exception, de toute suspension du lien de causalité, et sur la volonté de construire une structure dans laquelle **rien ne soit admis sans explication.**

Clarifications conceptuelles

Phénomène

Dans le cadre de l'Anankéisme, un phénomène désigne **tout ce qui advient** — que ce soit physique, biologique, conceptuel, symbolique ou fictif. Il peut s'agir d'un mouvement, d'un changement d'état, d'une émission d'énergie, d'une pensée, d'une représentation, d'un récit, d'un artefact, ou d'une construction théorique.

Un phénomène n'est pas défini par sa **perception**, mais par son **existence structurelle** dans une chaîne causale. Il peut ne jamais être observé, reconnu ou mesuré — il n'en reste pas moins soumis au principe de causalité.

Enchaînement causal

Un enchaînement causal est une **séquence de relations mécaniques**, dans laquelle chaque état est le résultat strict du précédent. Il n'implique **aucune intention, aucune finalité, aucun choix** : seule la nécessité logique de la transformation est considérée.

La causalité ici posée est **intégrale** : elle n'admet ni lacune, ni rupture, ni exception. Elle exclut toute notion de cause partielle, d'événement spontané ou d'effet sans antécédents.

Intégral

Le terme « intégral » précise que la causalité envisagée concerne **la totalité du système**, sans exception locale ou temporelle. Il n'existe, dans cette perspective, **aucune frontière dans l'application du principe** : pas de zone indéterminée, pas de seuil d'émergence, pas de suspension de cause dans le cas des systèmes complexes ou auto-organisés.

Le mot renforce l'idée que **tout phénomène, quel qu'il soit, est pris dans ce maillage** — y compris ceux qui semblent irréductibles à l'analyse ou résister à la formalisation.

Propriétés fondamentales

Ce que l'axiome implique directement

— **Unicité causale** : à tout phénomène correspond une cause (le dernier nœud causal) **et** un ensemble de causes strictement déterminées (la chaîne causale globale), même si elles ne sont pas observables. Il n'existe pas d'événement sans antécédents.

— **Séquentialité logique** : les phénomènes ne sont pas simultanés ni circulaires ; ils s'ordonnent selon une structure unidirectionnelle où chaque nœud découle du précédent.

— **Totalité intégrée** : tout phénomène ne peut être compris que partiellement lorsque considéré indépendamment de la chaîne globale dont il est issu. Toute analyse locale est incomplète par principe.

— **Cohérence absolue** : ce qui advient ne peut pas ne pas advenir. Ce qui n'advient pas ne pouvait pas advenir. Il n'existe ni exception, ni bifurcation arbitraire, ni surgissement spontané.

— **Indépendance du perçu** : la réalité causale ne dépend pas de son observation. Elle est ce qui est, que l'on en ait conscience ou non.

— **Prédictibilité garantie** : la prédictibilité est garantie à condition de connaître l'intégralité des nœuds de la chaîne causale globale, ce qui reste hors de portée expérimentale à l'heure actuelle[1].

Ce que l'axiome n'implique pas à lui seul

— **Aucune métrique temporelle** : l'axiome n'implique pas que la chaîne causale se déroule dans un temps mesurable. L'ordre des phénomènes est séquentiel, mais ne présuppose aucune durée.

— **Aucune orientation vers un but** : la chaîne causale est sans finalité. Elle ne tend vers rien, ne réalise rien, ne répond à aucune fonction.

— **Aucune visibilité intégrale** : l'axiome ne suppose pas que l'observateur puisse accéder à la totalité de la chaîne. Il postule seulement qu'elle existe.

---

1. La prédictibilité est ici entendue dans son sens absolu : un univers intégralement déterminé est, par principe, intégralement prédictible. Toutefois, cette prédictibilité dépend de la capacité d'un observateur à remonter ou explorer la chaîne causale intégrale, ce qui, à l'heure actuelle, reste hors de portée pratique. Une proposition de formalisation de cette croissance de complexité est développée en Annexe 3.1.

Ce que l'axiome exclut formellement

— **Toute cause spontanée** : rien ne commence de lui-même. Il n'existe ni surgissement absolu, ni événement isolé de toute chaîne antérieure.

— **Toute rétroaction réelle** : un effet ne peut jamais modifier sa propre cause. Ce qui semble circulaire est une suite de nœuds distincts, pas une boucle.

— **Tout hasard ontologique** : l'aléatoire est une approximation épistémique, jamais une propriété du réel.

— **Tout privilège humain** : l'observateur n'est pas au centre de la chaîne, ni dans sa construction, ni dans sa signification. L'expérience humaine est un nœud parmi d'autres.

Conclusion

L'axiome d'un enchaînement causal intégral ne rejette pas les cadres scientifiques ou philosophiques actuels : il leur propose un point d'ancrage plus profond. Il ne conteste pas la valeur des modèles statistiques, des outils probabilistes, des démarches expérimentales limitées aux systèmes partiels. Il admet leur efficacité — mais les inscrit dans une structure plus vaste, dont ils ne saisissent qu'un fragment.

Ce que cet axiome apporte, c'est un déplacement du regard : il invite à ne plus confondre modélisation partielle et réalité fondamentale. Il rappelle que toute explication locale repose sur une chaîne causale dont l'ampleur dépasse le cadre considéré, et que cette portion non incluse dans l'analyse ne disparaît pas pour autant : elle continue d'exister, et de produire ses effets.

Cette position n'est pas un renversement : elle est une consolidation. Elle permet de comprendre pourquoi nos outils actuels sont puissants sans pour autant être absolus, et pourquoi certaines incertitudes, loin de réfuter la cohérence du réel, signalent simplement que nous raisonnons à partir d'un segment local et incomplet de la chaîne causale globale. Le déterminisme, ici, n'est pas une contrainte : il est une promesse de lisibilité. En étendant progressivement l'analyse causale, nous affinons nos savoirs sans sacrifier leur cohérence. Même si la chaîne globale demeure hors de portée, elle n'en reste pas moins présupposée comme structure déterminante de toute réalité.

Toute avancée locale s'inscrit déjà dans cet horizon.

Il reste toutefois une confusion fréquente à dissiper : l'existence d'une structure causale ne signifie pas qu'elle soit orientée. Ce n'est pas parce qu'un phénomène suit une règle qu'il répond à un dessein. La succession des causes, aussi rigoureuse soit-elle, ne débouche sur aucun projet, ne réalise aucune fin.

Dans un système intégralement causal, une cause ne peut pas viser un effet futur : elle n'a ni mémoire du futur, ni intention. Elle ne contient que ce que la chaîne causale l'a rendue capable de produire. Toute finalité supposerait qu'un état futur influence le présent, ou qu'une cause porte en elle un but à accomplir — ce qui violerait l'unidirectionnalité stricte du déterminisme.

Le postulat d'un déterminisme intégral implique donc le rejet de la téléologie.

C'est l'objet du deuxième axiome.

1.2 Axiome 2

Énoncé de l'axiome

> L'univers n'a ni but, ni fonction, ni direction.

Justification interne

Cet axiome découle directement du premier : si tout phénomène résulte d'un enchaînement causal intégral, alors il ne peut y avoir d'intention préexistante, de but global ou de direction. La cause précède l'effet, mais ne l'oriente pas vers un objectif. Toute **téléologie** (finalité assignée à un système) impliquerait soit une instance extérieure qui planifie, soit un sens global qui dépasse la chaîne causale elle-même — ce qui constituerait une forme de transcendance, incompatible avec le cadre strictement déterministe.

Il est **nécessaire** à la cohérence de l'Anankéisme, car l'introduction d'un but ou d'une orientation du réel réintroduirait une subjectivité implicite, ou une valeur fondatrice (le progrès, l'harmonie, l'achèvement, etc.), ce que l'Anankéisme s'interdit.

Cet axiome est **irréductible** : il ne peut être déduit d'un autre axiome, et ne contredit pas le précédent. Il en est plutôt un prolongement logique : si tout est causé mécaniquement, alors rien n'est orienté "en vue de" quoi que ce soit.

Il **complète** l'*axiome 1* en posant une condition supplémentaire de neutralité : non seulement tout résulte d'une cause, mais aucune cause n'anticipe de but. Il prépare également les axiomes ultérieurs (notamment ceux sur la vie, l'éthique ou la mort), en assurant que ces concepts seront définis sans appel à un sens, une vocation ou une valeur de la vie.

Clarifications conceptuelles

Univers

Dans le cadre de l'Anankéisme, le terme *univers* désigne l'ensemble total de ce qui existe — matière, énergie, lois, structures, interactions — sans aucune restriction d'échelle ou de dimension. Il inclut ce que nous percevons comme réel, mais ne s'y limite pas : il recouvre aussi ce qui échappe à toute perception humaine, actuelle ou possible, tant que cela fait partie de la chaîne causale intégrale.

L'univers n'est donc pas une scène ou un cadre posé autour des phénomènes : il est **la totalité même** des phénomènes et de leurs conditions. Il ne suppose pas de frontière, de finalité, ni de point de vue. C'est un système fermé au sens ontologique, mais ouvert en ce qui concerne la complexité de ses effets.

But

Un *but* est la représentation anticipée d'un état futur désiré, qui guide ou oriente une action présente. Il implique la projection mentale, la volonté, ou une programmation orientée vers un résultat.

Dans l'Anankéisme, le concept de but est inapplicable à l'univers lui-même, puisque ce dernier ne possède ni conscience, ni intentionnalité, ni extériorité. Parler de but implique une subjectivité, même implicite, et suppose qu'un phénomène serait généré **en fonction de** sa finalité attendue. Cela inverse la logique causale : le futur dicterait le présent, ce qui est inadmissible dans une chaîne déterministe.

Un but peut exister **localement** chez certains organismes dotés de systèmes cognitifs, mais il ne s'agit jamais d'un attribut de la totalité.

Fonction

Une *fonction* désigne l'effet utile ou le rôle assigné à un élément dans un ensemble organisé. Par exemple, on parle de la fonction d'un organe, d'un outil ou d'un comportement.

Ce n'est pas parce qu'un effet semble utile qu'il constitue une fonction réelle ; la fonction n'existe que comme catégorie cognitive, non comme propriété ontologique.

Dans l'Anankéisme, ce terme ne peut être utilisé qu'à l'intérieur d'un cadre construit, comme un organisme, un système logique ou une machine. Dès qu'on généralise la notion de fonction à l'univers tout entier, on suppose qu'il aurait été conçu pour remplir une tâche — ce qui impliquerait une intention, donc une conscience extérieure ou transcendante, absente du cadre causal intégral.

La fonction est donc un **artefact conceptuel**, issu de la cognition, et n'a aucune pertinence à l'échelle globale du réel.

Direction

La *direction* est ici entendue au sens fort : une orientation du devenir, une trajectoire implicite du réel vers un état supposé supérieur, plus ordonné, plus complexe ou plus accompli.

Ce terme est souvent confondu avec des observations locales de croissance ou d'organisation, mais l'Anankéisme s'oppose à toute généralisation téléologique. L'apparition de structures complexes (comme la vie ou la conscience) ne constitue pas une preuve de directionnalité, mais une **conséquence locale** de la chaîne causale.

Parler d'une direction de l'univers — vers l'harmonie, le progrès, l'équilibre, ou même la mort thermique — revient à lui attribuer un dessein. L'*axiome 2* interdit cette formulation : il n'y a **pas de cap, pas de but, pas de sens général** au devenir universel.

Propriétés fondamentales

Ce que l'axiome implique directement

— **Neutralité absolue** : aucun phénomène ne possède en lui-même une orientation, une fonction ou un but.

— **Absence de finalité** : un état donné ne vise ni à se reproduire, ni à évoluer, ni à se perfectionner.

— **Autonomie des phénomènes** : chaque phénomène est suffisant pour expliquer son existence dans la chaîne causale, sans devoir être rapporté à une utilité, une vocation ou un résultat à produire.

— **Désancrage téléologique** : l'analyse des systèmes n'a pas à recourir à des termes finalistes pour être cohérente.

— **Compatibilité avec la complexité** : la complexité d'un phénomène, son caractère stable ou auto-organisé, ne remet pas en cause son absence de but.

Ce que l'axiome n'implique pas à lui seul

— **Aucune négation de l'évolution** : le fait que les systèmes se transforment dans le temps ne signifie pas qu'ils soient orientés.

— **Aucune remise en question des comportements adaptatifs** : un système peut être stable, persistant ou autorégulé sans que cela indique une direction.

— **Aucune exclusion des fonctions observables** : on peut décrire des fonctions locales pour modéliser des systèmes complexes, mais l'axiome interdit d'interpréter ces fonctions comme des **buts réels** du système.

Ce que l'axiome exclut formellement

— **Toute forme de téléologie** : aucune entité, aucun phénomène, aucune dynamique n'est orienté vers une fin.

— **Tout principe organisateur transcendant** : aucune force, aucun champ, aucune loi n'organise le réel en vue d'un ordre futur.

— **Toute rétrodiction fonctionnelle** : il est invalide de justifier un phénomène en invoquant son "utilité" ou son "rôle".

— **Tout anthropocentrisme interprétatif** : la tendance humaine à chercher du sens ou une orientation ne fonde aucune propriété du réel.

18

Conclusion

L'axiome de l'absence de but, de fonction et de direction dans l'univers est une exigence logique découlant de la chaîne causale intégrale. Il ne se substitue pas aux observations, mais **corrige les biais interprétatifs** qui en dérivent.

Il rappelle que ce n'est pas parce qu'un phénomène persiste qu'il est voulu. Ce n'est pas parce qu'un système est stable qu'il est dirigé. Ce n'est pas parce qu'un organisme s'adapte qu'il cherche à s'adapter.

Cet axiome protège toute tentative de compréhension du monde contre **la tentation de la finalité** : il nous impose de ne jamais justifier un état du réel par une valeur, une fonction ou un cap supposé.

Ce qu'il propose, ce n'est pas une négation du mouvement, de l'évolution ou de l'organisation, mais **une explication sans projet**.

Ce refus de la direction n'est pas une perte de sens : c'est **un gain de rigueur**. Il libère la pensée de toute orientation arbitraire et la recentre sur ce qui peut être montré, reconstruit, enchaîné.

Si un phénomène semble aller "dans un sens", c'est que **ce sens nous arrange, nous frappe ou nous rassure**. Mais ce sens est toujours une lecture locale. **Il n'est jamais inscrit dans la structure du réel.**

Un système peut se maintenir, mais il ne vise pas à durer. Il peut se réparer, mais il ne veut pas revenir. Il peut se transformer, mais il ne tend vers rien.

Ce que nous appelons direction, but, intention ou progrès **est un effet de la cognition humaine.** L'Anankéisme reconnaît ces effets comme réels, mais **les inscrit dans la chaîne causale, non dans la structure du monde.**

L'univers ne répond à aucun projet : il se déroule. Et ce déroulement, pour être rigoureux, ne doit jamais être interprété comme une marche. Il est une conséquence, non une ascension. Il est une chaîne, non un dessein.

C'est cela que garantit l'axiome 2. Il interdit que le réel soit instrumentalisé pour justifier une valeur. Il empêche qu'on lui prête un cap, là où il n'y a qu'un enchaînement. Il rappelle qu'en un monde causal, **il ne peut y avoir de fonction : seulement des effets**.

Mais si le réel n'a pas de but, ni de fonction, ni de direction, comment peut-on alors en parler avec certitude ? Sur quoi peut reposer l'idée même de connaissance, si toute perception, toute interprétation, toute valeur sont autant de lectures humaines contingentes ? C'est à cette question que répond l'axiome suivant.

Il affirme que **la vérité existe indépendamment de toute cognition**, et qu'elle peut être atteinte **sans être confondue avec l'expérience subjective**. Car dans un univers sans orientation, il est d'autant plus essentiel de disposer d'un critère objectif pour dire **ce qui est**, sans jamais le réduire à ce que nous voyons.

1.3   Axiome 3

Énoncé de l'axiome

La vérité est absolue et indépendante de toute cognition.

Justification interne

Cet axiome affirme qu'il existe une réalité vraie, entièrement indépendante de toute pensée, perception ou croyance. La vérité ne dépend d'aucun être pour exister. Elle ne résulte pas d'un consensus, ne naît pas d'un langage, ne varie pas selon les cultures. Elle **précède** et **dépasse** toute cognition.

Il est **nécessaire** à la cohérence de l'Anankéisme car sans une vérité absolue, toute tentative de formuler une ontologie déterministe devient arbitraire. Si la vérité dépendait d'un esprit, alors la causalité elle-même serait relative — ce qui détruirait l'*axiome 1*.

Cet axiome est **irréductible** : il ne se déduit pas des précédents, mais les rend possible. Il constitue une pierre angulaire du système, car il interdit toute interprétation relativiste du réel.

Il **complète** l'*axiome 1* (enchaînement causal) en affirmant que ce qui advient n'est pas seulement déterminé, mais vrai, indépendamment de notre capacité à le percevoir ou à le comprendre. Il prépare aussi l'*axiome 8*, en posant que la morale elle-même devra s'aligner sur une vérité indépendante, non sur un choix culturel ou personnel.

Clarifications conceptuelles

Vérité

La **vérité**, ici, désigne ce qui est conforme à l'état réel des choses, indépendamment de toute opinion, croyance ou perception. Elle est absolue : elle ne dépend d'aucun point de vue. Elle n'évolue pas selon les sociétés, les langues ou les systèmes de pensée.

Elle n'est pas à confondre avec la **connaissance**, qui est une tentative d'accès à la vérité à travers des moyens cognitifs limités et faillibles. La vérité est ontologique ; la connaissance est épistémologique.

Cognition

La **cognition** regroupe l'ensemble des processus mentaux liés à la perception, à l'attention, au raisonnement, à la mémoire ou à la croyance. Dire que la vérité est indépendante de la cognition revient à affirmer qu'elle existe sans qu'aucun esprit ne la conçoive.

Il ne s'agit pas d'un rejet de la science ou de la pensée rationnelle, mais d'un rejet de leur statut fondateur. La pensée peut tendre vers la vérité, mais elle ne la crée pas.

Propriétés fondamentales

Ce que l'axiome implique directement

— **Indépendance ontologique de la vérité** : la vérité existe comme propriété du réel, qu'elle soit perçue ou non. Elle ne dépend d'aucun esprit, d'aucune interprétation, d'aucun langage.
— **Stabilité de la vérité** : ce qui est vrai l'est en vertu de la chaîne causale intégrale. Une fois le phénomène entièrement reconstitué, sa vérité ne varie plus, car elle est ancrée dans la structure même du réel.
— **Dissociation radicale entre perception et réalité** : aucune observation, aussi précise soit-elle, ne garantit l'accès à la vérité. L'expérience vécue est un effet du réel, pas un accès direct à celui-ci.
— **Délocalisation de la connaissance** : la vérité ne se situe pas dans l'esprit de celui qui pense, ni dans l'ins-

trument qui mesure. Elle est **dans le phénomène lui-même**, en tant que nœud de la chaîne causale.

— **Neutralité cognitive** : toute entité, humaine ou non, produit une interprétation locale du réel, mais aucune de ces interprétations ne constitue la vérité — seulement des approximations, plus ou moins proches du réel.

Ce que l'axiome n'implique pas à lui seul

— **Aucune omniscience implicite** : le fait que la vérité existe indépendamment de la cognition ne signifie pas que l'on puisse y accéder facilement ou totalement. L'axiome ne garantit ni la transparence du monde, ni la capacité humaine à tout comprendre.

— **Aucune négation des modèles scientifiques** : les vérités scientifiques peuvent être rigoureusement exactes **localement**, sans être absolues. L'axiome n'exclut pas leur validité, mais les situe comme approximations de la structure réelle.

— **Aucune condamnation de la subjectivité** : l'axiome ne nie pas que la perception humaine soit un phénomène réel. Il affirme seulement qu'elle ne fonde pas la vérité.

Ce que l'axiome exclut formellement

— **Toute relativisation de la vérité** : ce qui est vrai ne dépend pas de la culture, de la langue, de la perception
ou de la conscience d'un observateur. Il n'y a pas "des
vérités", mais **une vérité par phénomène**, conditionnée uniquement par la chaîne causale.

— **Toute vérité consensuelle** : un énoncé n'est pas vrai
parce qu'il est accepté, partagé ou utile. L'accord entre
observateurs peut refléter la vérité, mais ne la constitue pas.

— **Tout constructivisme épistémologique radical** : la
vérité n'est pas produite par les instruments, ni
construite par les paradigmes. Ce qui est, est — indépendamment des outils utilisés pour le mesurer.

— **Toute équivalence entre croyance et connaissance** :
une conviction, même sincère, n'a aucune valeur ontologique. La vérité est ce qui se passe effectivement,
non ce que l'on pense qu'il se passe.

Conclusion

L'axiome de l'indépendance de la vérité vis-à-vis de toute
cognition marque une distinction claire entre la vérité en tant
que propriété du réel, et les diverses formes de construction,
de perception ou d'interprétation produites par des entités

conscientes. Il affirme que la vérité existe, indépendamment du fait qu'elle soit dite, observée ou pensée.

Cela ne découle ni d'un jugement, ni d'une démonstration, ni d'un accord collectif : la vérité est l'état réel d'un phénomène, déterminé par les causes qui l'ont produit, et indépendant de toute expérience consciente.

Ce que l'on nomme « vérité » dans les pratiques humaines peut désigner une approximation, une croyance stabilisée ou une lecture locale. L'Anankéisme ne nie pas ces usages, mais les distingue de façon rigoureuse de la vérité réelle, celle qui se tient dans la chaîne causale elle-même.

Cette dissociation entre vérité et perception est nécessaire pour éviter toute confusion entre la structure du monde et les représentations que nous en formons. Elle permet d'envisager les productions cognitives comme des effets du réel, sans leur conférer le statut de fondement.

La vérité n'est pas ajoutée au réel par une conscience qui la nomme : elle est immanente à la chaîne causale.

Mais si la vérité est ainsi détachée de l'observateur, il devient nécessaire de préciser ce que sont, en eux-mêmes, les phénomènes complexes que nous avons l'habitude de qualifier de vivants. Que désigne-t-on réellement lorsqu'on parle de "vie", si l'on refuse toute projection finaliste, toute subjectivité, et tout ancrage perceptif ?

L'Anankéisme propose une définition rigoureuse et minimale du vivant, fondée non sur sa valeur ni sa fonction, mais sur les conditions physiques de son maintien.

C'est ce que pose le prochain axiome.

1.4   Axiome 4

Énoncé de l'axiome

> Est vivant ce qui s'autorégule par transformation d'énergie.

Justification interne

Cet axiome introduit une définition minimale du vivant, formulée non pour rivaliser avec les théories biologiques existantes, mais pour **rendre possible l'édifice logique de l'Anankéisme**. Il répond à un besoin structurel : sans critère permettant d'identifier ce qui relève du vivant, les axiomes suivants — en particulier ceux qui traitent de l'émergence (axiome 5), de l'intelligence (axiome 6), de la morale (axiome 8) et de la mort (axiome 10) — ne pourraient être formulés de manière cohérente.

Il est **nécessaire**, car l'Anankéisme postule une continuité causale universelle, dans laquelle les phénomènes vivants ne sont pas une catégorie mystique ou exceptionnelle, mais un **type particulier d'organisation**. Définir ce type permet d'articuler les notions de conscience, d'intelligence ou de responsabilité morale **sans les projeter arbitrairement sur des entités choisies**. Ce critère fonde donc, en amont, toutes les distinctions ultérieures entre vivant et non-vivant, intelligent et non-intelligent, moralement concerné ou non.

Il est **irréductible,** car il ne découle d'aucun axiome précédent. L'existence d'une chaîne causale (axiome 1), l'absence de finalité (axiome 2) ou la vérité indépendante de la cognition (axiome 3) n'impliquent pas par eux-mêmes qu'un sous-ensemble particulier de phénomènes puisse être qualifié de vivant. Cet axiome introduit une distinction de niveau fonctionnel dans la structure continue du réel : il ne rompt pas la chaîne causale, mais identifie une configuration stable à l'intérieur de celle-ci. Il introduit un seuil fonctionnel dans la continuité causale, sans pour autant en briser l'unité.

Il **complète** les axiomes précédents en désignant un mode spécifique d'être dans l'univers : un système **non passif,** qui agit sur lui-même pour maintenir son organisation. Il ne contredit ni l'absence de but (axiome 2), ni l'indépendance de la vérité vis-à-vis de la cognition (axiome 3), mais leur ajoute une **condition émergente,** fondée sur le comportement observable d'un système au sein de la chaîne causale.

En cela, il prépare logiquement les axiomes suivants, qui ne traitent plus seulement de ce qui **est,** mais de ce qui **s'auto-maintient, évolue** ou **cesse irréversiblement de fonctionner.** Il trace la frontière minimale entre un caillou et une cellule, sans recours à une essence ni à une intuition biologique : cette frontière est fonctionnelle, énergétique, régulatrice.

Clarifications conceptuelles

Sur la notion d'émergence

Dans l'Anankéisme, une **émergence** est un nœud de la chaîne causale intégrale. Elle désigne un phénomène qui résulte d'un enchevêtrement d'effets antérieurs, sans jamais s'extraire du déterminisme universel. L'émergence peut donner l'illusion d'une nouveauté radicale, mais cette impression naît d'une perception limitée des causes, non d'une discontinuité réelle.

La Vie, dans ce cadre, **émerge comme une configuration spécifique** au sein de cette chaîne : elle n'est pas un statut nouveau ni une propriété essentielle, mais **un état fonctionnel temporaire**, issu de la structure des causes qui l'ont précédée, et suivi par de nouveaux effets. Il en va de même pour la mort, qui marque un point de la chaîne dans laquelle cette configuration cesse de se maintenir. La vie comme la mort sont **des nœuds de la chaîne causale**, ni plus ni moins.

Sur le terme « vivant »

L'axiome ne définit pas la Vie comme une substance, ni comme un statut moral ou biologique, mais comme une **dynamique déterministe particulière**. Est vivant ce qui, à un instant donné, maintient son organisation interne **par trans-**

formation d'énergie, dans le cadre strict de la chaîne causale.

Cette définition est **formelle et non biologique**. Elle inclut les êtres vivants connus, mais ne leur est pas réservée. Elle permet d'envisager des formes de vie non terrestres, non organiques, artificielles, ou simplement non encore connues, dès lors qu'elles répondent à ce critère de fonctionnement.

Il ne s'agit pas d'un état permanent, mais d'un **effet transitoire**, observable à un moment donné de l'évolution d'un système, tant que les conditions de son maintien sont satisfaites.

Sur l'autorégulation

Le terme **autorégulation** ne désigne pas une autonomie, ni une initiative propre du système. Il désigne un **enchaînement causal interne**, par lequel un système agit, via ses propres structures, de façon à **maintenir son fonctionnement face aux perturbations**.

Cette régulation **n'échappe pas au déterminisme**. Elle est un effet — un segment de la chaîne causale — où des réactions internes (elles-mêmes causées) produisent des effets stabilisants sur d'autres parties du système. Il ne s'agit pas d'un libre pouvoir d'auto-correction, mais d'un agencement fonctionnel qui, **tant que rien ne le perturbe de manière irréversible**, tend à conserver la cohérence du système.

Ce comportement peut être simple (comme chez une cellule) ou complexe (comme chez un organisme pluricellulaire), mais dans tous les cas, il est **entièrement déterminé par les causes qui l'ont précédé**, et **ne possède aucune transcendance fonctionnelle**.

Sur la transformation d'énergie

Tout effet de régulation implique une **transformation d'énergie**. Dans un univers soumis à l'entropie, maintenir une structure organisée nécessite de capter, convertir et utiliser de l'énergie issue de l'environnement.

Ce critère est **nécessaire et universel** : sans transformation d'énergie, aucun maintien n'est possible. Il ne s'agit pas d'un choix ou d'un comportement, mais d'un **effet thermique, mécanique, chimique ou autre**, propre à un système configuré pour répondre à ses propres déséquilibres.

Ce principe est **généralisable à toute forme de vie** potentielle, connue ou inconnue, dès lors qu'elle opère une stabilisation fonctionnelle par échange énergétique dans son environnement causal.

Propriétés fondamentales

Ce que l'axiome implique directement

— **Lien fondamental entre vie et entropie** : le vivant est défini comme un système qui transforme activement de l'énergie pour maintenir une organisation locale face aux forces dissipatives. Cette régulation énergétique constitue une résistance temporaire à l'entropie, non par opposition, mais par structuration.

— **Existence d'un seuil fonctionnel du vivant** : il existe une différence ontologique entre un système qui subit l'entropie et un système qui mobilise de l'énergie pour retarder sa désorganisation. Cette différence est minimale, mais décisive, et permet de distinguer le vivant du non-vivant de manière causale.

— **Indifférence à la composition matérielle** : le vivant n'est pas conditionné par une base chimique ou biologique spécifique. Tout système, quel qu'en soit le support, peut être qualifié de vivant dès lors qu'il satisfait à la condition de transformation régulée d'énergie pour maintenir son intégrité organisationnelle.

— **Universalité de la définition** : cette approche permet d'inclure toute forme de vie possible dans l'univers, qu'elle soit organique, artificielle, ou encore inconnue, dès lors qu'elle émerge causalement dans un environ-

nement auquel elle s'adapte par transformation énergétique autonome.

— **Continuité avec la chaîne causale intégrale** : un être
vivant n'est pas un miracle isolé, mais un nœud structurant d'un enchaînement de causes. Sa capacité à se
maintenir découle intégralement de cette chaîne, et
n'implique ni intention ni rupture avec l'ordre du réel.

Ce que l'axiome n'implique pas à lui seul

— **Aucune sacralisation du vivant** : le fait qu'un système
soit vivant ne lui confère aucun statut moral ou existentiel particulier. L'axiome décrit une condition fonctionnelle, non une valeur.

— **Aucune exclusion de l'artificiel par principe** : un système créé par une autre entité peut devenir vivant
s'il atteint une autonomie énergétique et organisationnelle suffisante. L'axiome ne rejette pas le vivant artificiel, il exige qu'il soit structurellement indépendant.

— **Aucune équivalence avec l'animation ou la
conscience** : un système vivant n'est pas nécessairement conscient, ni animé au sens perceptible.
Il peut être minimal, silencieux et privé de toute
représentation interne — tant qu'il s'auto-maintient
face à l'entropie.

— **Aucune exigence d'évolution** : l'axiome ne repose
pas sur l'adaptabilité évolutive ou la reproduction.

Un système peut être vivant sans se reproduire ni évoluer, si sa structure le rend capable de se maintenir par transformation d'énergie.

Ce que l'axiome exclut formellement

— **Tout système purement passif ou dissipatif** : un système qui transforme de l'énergie sans maintenir une organisation propre n'est pas vivant. Les flammes, les ondes chimiques ou les réactions auto-catalytiques n'exercent pas de régulation interne — ils ne franchissent pas le seuil du vivant.

— **Toute vie définie par l'origine ou la composition** : il n'existe pas de matière "vivante" par nature. Ce qui compte n'est pas ce dont une entité est faite, mais ce qu'elle fait pour maintenir son état. L'ADN, la cellule ou le carbone ne sont pas des critères suffisants.

— **Toute forme de finalisme biologique** : la vie n'a pas de but, de fonction externe ou d'orientation métaphysique. Elle se maintient tant que ses conditions de stabilisation sont réunies, puis cesse sans "raison" supérieure. Il n'y a pas de "volonté de vivre", seulement une chaîne de causes.

— **Tout critère fondé sur la perception** : la vie ne se définit pas par ce qui semble vivant, ni par l'opinion des observateurs. Est vivant ce qui, de manière causale, transforme de l'énergie pour se maintenir, indépendamment de tout regard ou de toute conscience.

Conclusion

L'axiome 4 propose une définition minimale, mais rigoureuse du vivant : est vivant tout système qui, dans un univers soumis à l'entropie, transforme activement de l'énergie pour maintenir sa propre organisation. Il ne s'agit ni d'un modèle biologique, ni d'une condition empirique, mais d'un seuil ontologique : celui au-delà duquel une structure cesse d'être simplement stable, et devient activement régulée.

Ce critère ne dépend ni de la matière, ni de la forme, ni de l'intention : il découle de la chaîne causale intégrale. Le vivant n'est pas un phénomène à part, mais une conséquence locale d'un déséquilibre maintenu temporairement par régulation énergétique. En cela, il ne contredit aucune loi physique : il en exploite les conséquences.

L'axiome permet de penser la vie sans la sacraliser, sans l'anthropomorphiser, sans l'essentialiser. Il établit une condition nécessaire à l'émergence du vivant, et distingue clairement ce qui se contente de dissiper de ce qui agit pour perdurer.

La vie n'est pas une anomalie, mais une nécessité structurelle. Le prochain axiome montrera pourquoi elle devait advenir.

1.5   Axiome 5

Énoncé de l'axiome

> La vie émerge naturellement du déterminisme.

Justification interne

Cet axiome affirme que la vie n'est pas un surgissement for-
tuit, mais une conséquence nécessaire de la chaîne causale. Il
établit que des structures auto-régulées peuvent émerger naturellement dans un univers strictement déterministe, sans
rupture ni intervention extérieure.

Il est **nécessaire**, car sans lui, l'Anankéisme resterait incomplet. L'*axiome 4* définit ce qu'est la vie, mais ne dit rien de son
apparition. Or, un système fondé sur le déterminisme doit
rendre compte de l'émergence du vivant sans appel au hasard, au mystère ni à l'exception. Ce cinquième axiome évite
toute discontinuité logique dans la progression du système :
il garantit que la vie est un effet naturel du déterminisme, et
non une étrangeté statistique.

Il est **irréductible**, car aucun axiome précédent ne permet
d'affirmer que des formes vivantes apparaîtront nécessairement. Définir la vie ne suffit pas : il faut aussi postuler qu'un

univers déterministe conduit logiquement à son apparition. Cet axiome apporte cette affirmation-clé, que nul autre ne peut dériver à sa place.

Il **complète** le socle de l'Anankéisme en raccordant la définition du vivant à la structure causale du réel. Sans lui, la vie resterait une définition isolée ; avec lui, elle devient un produit prévisible, et donc pleinement intégré à l'univers que le système décrit.

Clarifications conceptuelles

Vie

La vie, dans le cadre de l'Anankéisme, a déjà été définie (*axiome 4*) comme un **système qui s'autorégule par transformation d'énergie**. Il n'est donc pas nécessaire ici de redéfinir ce terme, mais de rappeler que l'*axiome 5* ne modifie en rien cette définition. Il se borne à affirmer que **de tels systèmes peuvent apparaître spontanément**, sans dessein ni intervention extérieure, au sein d'un univers strictement causal.

Émergence

Le terme « émergence » est ici **strictement descriptif**, et ne doit pas être interprété comme une magie de la complexité ni comme une nouveauté ontologique. Il désigne simplement le fait que, **sous certaines conditions,** des structures vivantes — telles que définies par l'*axiome 4* — apparaissent par déroulement causal. L'émergence n'est pas un processus discontinu : c'est **la forme visible d'une transition progressive,** sans exception aux lois de l'univers.

Naturellement

Le mot « naturellement » n'implique ni simplicité, ni fréquence, ni évidence. Il signifie uniquement que **l'apparition du vivant ne nécessite aucun facteur externe au déterminisme.** Il n'y a pas de force vitale, pas de finalité cosmique, pas d'intervention démiurgique : la vie est **une configuration particulière du réel,** permise par ses lois internes.

Déterminisme

Le déterminisme est ici entendu **au sens fort** posé par l'*axiome 1* : tout effet a une cause, et aucune cause ne peut ne pas produire son effet. L'*axiome 5* s'inscrit dans ce cadre, en affirmant que la vie fait partie des effets **inévitables,** au même titre que les formations stellaires ou les cristallisations minérales, dès lors que les conditions adéquates sont réunies.

Propriétés fondamentales

Ce que l'axiome implique directement

— **Nécessité de l'émergence du vivant dans un univers causalement cohérent** : si les conditions initiales de deux systèmes sont identiques, et que dans l'un d'eux la Vie est apparue, alors la chaîne causale intégrale aboutira nécessairement à l'apparition du vivant dans l'autre système, sans qu'aucune intervention extérieure ou rupture logique ne soit requise.

— **Continuité logique entre matière inerte et systèmes vivants** : la vie ne surgit pas comme une nouveauté absolue, mais comme une organisation particulière de phénomènes préexistants. L'apparition du vivant n'est pas une création, mais une transition déterminée dans la structure causale.

— **Caractère non exceptionnel de la vie** : le vivant, aussi complexe soit-il, n'est pas une anomalie ni un cas à part, mais est un **effet déterminé** de la dynamique causale du réel. Cette apparition n'est pas forcément fréquente par nature, mais elle est **structurellement régulière** : elle découle intégralement des causes qui l'ont précédée, sans intervention extérieure ni principe transcendant.

— **Unicité de la chaîne causale menant à chaque forme de vie** : toute forme de vie observable est le fruit d'un enchaînement précis et irréversible de causes. Ce qui a donné lieu à notre forme de vie ne peut être remplacé que par un scénario causal intégralement identique.

— **Inévitable fragilité des premières formes de vie** : parce que la vie découle d'un ajustement complexe mais déterminé, ses premières formes sont nécessairement instables et dépendantes de conditions étroites. Leur maintien est un effet temporaire de la régularité causale, non une stabilité acquise.

Ce que l'axiome n'implique pas à lui seul

— **Aucune affirmation sur la fréquence de la vie dans l'univers** : que la vie soit une conséquence nécessaire ne signifie pas qu'elle soit courante. L'axiome affirme une nécessité conditionnelle : si les conditions sont réunies, la vie advient. Il ne fait aucune hypothèse sur la fréquence de ces conditions à l'échelle cosmique.

— **Aucune généralisation sur la diversité des formes de vie** : l'axiome ne préjuge pas de la pluralité ou de l'unicité des types de vie possibles. Il affirme seulement que, dans un système donné, la vie découle des causes qui s'y enchaînent, quelles que soient ses formes ou ses supports.

— **Aucune prévisibilité du moment ou du lieu de l'émergence** : même si l'émergence est nécessaire, elle peut rester inaccessible à toute modélisation locale.

L'axiome n'implique aucune capacité à prévoir ou localiser cette émergence sans connaissance de la chaîne complète.

— **Aucune prétention à l'observation ou à la reconstitution expérimentale** : l'axiome n'est pas un protocole scientifique, mais une conséquence logique du déterminisme absolu. L'émergence de la vie peut être parfaitement nécessaire sans jamais être reproductible.

Ce que l'axiome exclut formellement

— **Toute idée de miracle ou de saut ontologique** : la vie ne constitue pas une rupture avec les lois du réel. Elle n'est ni un surgissement spontané, ni un don, ni un saut de nature. Elle est un effet, déterminé et inséré dans la continuité universelle.

— **Toute interprétation téléologique de la vie** : l'apparition du vivant ne poursuit aucun but, ne vise aucune fin, ne sert aucune intention. Elle n'est qu'un moment local de la chaîne causale, stabilisé par des conditions internes et externes temporaires.

— **Toute supposition d'un plan, d'une intelligence ou d'un guidage** : la vie n'émerge pas parce qu'elle est voulue, mais parce que ses conditions sont causées. Aucun principe directeur n'intervient dans sa formation, pas plus qu'il n'intervient dans la cristallisation ou l'érosion.

— **Toute dépendance à une définition biologique contingente** : l'axiome ne suppose ni ADN, ni cellules, ni métabolisme. Il englobe toute forme de vie, connue ou inconnue, dès lors qu'elle résulte d'un enchaînement causal cohérent et remplit les critères fonctionnels définis en amont.

Conclusion

L'axiome 5 affirme que la vie n'est pas une anomalie du réel, mais un effet parfaitement déterminé de la chaîne causale intégrale. Elle ne se situe ni en dehors, ni au sommet du monde physique, mais en lui : comme un état transitoire dans lequel certains systèmes, soumis aux lois universelles, en viennent à se maintenir face à l'entropie par transformation d'énergie.

Cette émergence n'implique aucun mystère, aucune fracture, aucune cause extérieure. Dès lors qu'un système atteint les conditions fonctionnelles décrites par l'*axiome 4*, il devient vivant : non parce qu'il répond à une définition culturelle ou biologique, mais parce qu'il réalise, dans les faits, une forme d'autorégulation déterminée.

Ce positionnement du vivant dans la dynamique causale permet de le penser sans le séparer du reste de l'univers. Il ne possède pas de statut ontologique privilégié : il est un effet local, précis, temporaire — qui n'existe que parce que toutes les causes qui le précèdent en permettent l'apparition.

Mais certains de ces systèmes vivants présentent une propriété supplémentaire : lorsqu'ils sont structurés pour capter une variation dans leur environnement, et que cette variation provoque, en eux, une réponse adaptée à leur maintien, alors ils réalisent un traitement d'information fonctionnel.

C'est cette transition, du maintien à la réponse, que le prochain axiome viendra formaliser.

1.6 Axiome 6

Énoncé de l'axiome

> Est intelligent ce qui transforme une entrée en sortie fonctionnelle.

Justification interne

Cet axiome établit une définition fonctionnelle de l'intelligence, affranchie de toute subjectivité ou finalité extérieure. Il affirme qu'un système est intelligent dès lors qu'il transforme une entrée en une sortie fonctionnelle, c'est-à-dire adaptée à sa survie ou à son maintien dans son environnement naturel.

Il est **nécessaire**, car sans lui, l'Anankéisme ne pourrait pas traiter de la notion d'intelligence sans tomber dans des conceptions anthropocentrées ou téléologiques. Or, une philosophie fondée sur le déterminisme intégral ne peut pas se satisfaire d'une définition de l'intelligence liée à des intentions, à la conscience ou à la volonté. Il fallait donc un cadre objectif, applicable à tout système, quel que soit son degré de complexité ou sa nature biologique, mécanique ou logique.

Il est **irréductible**, car aucun axiome précédent ne permet de définir ce qu'est l'intelligence. L'*axiome 4* définit le vivant comme système autorégulé, et l'*axiome 5* établit que la vie émerge naturellement du déterminisme ; mais ni l'un ni l'autre n'impliquent que certains systèmes vivants puissent traiter l'information d'une manière adaptée. Il faut donc un énoncé spécifique pour caractériser les mécanismes qui permettent à un système de répondre efficacement à une stimulation.

Il **complète** le socle de l'Anankéisme en introduisant une mesure interne de l'adaptabilité. Là où l'*axiome 4* qualifie la régulation énergétique, et l'*axiome 5* la rend nécessaire, l'axiome 6 introduit une couche supplémentaire : celle de la transformation opérante d'un état vers un autre, en fonction d'un stimulus. Il offre un critère clair pour identifier des formes d'intelligence dans tout système naturel, vivant ou non, dès lors qu'un couplage fonctionnel entre une entrée et une sortie est observable.

Clarifications conceptuelles

Intelligence

L'intelligence, dans le cadre de l'Anankéisme, désigne *la transformation fonctionnelle d'une entrée en une sortie*, sans aucun présupposé de conscience, de volonté ni de finalité. Il s'agit d'un mécanisme opératoire : un système est dit intelligent s'il réagit à une stimulation d'une manière stable, reproductible et fonctionnelle pour sa régulation ou sa persistance. Cette définition est minimale et strictement causale. Elle n'induit ni libre arbitre, ni autonomie, ni intentionnalité.

Fonctionnelle

Le terme « fonctionnelle » ne renvoie pas à une utilité abstraite ou universelle, mais à *l'effet observable de la sortie dans l'environnement naturel du système*. Une sortie est dite fonctionnelle si elle contribue, par enchaînement causal, à maintenir le système dans un état compatible avec sa structure. C'est le cas, par exemple, d'un système qui ferme ses pores face à un changement de température : sans conscience, sans intention, il ajuste un paramètre pour maintenir son équilibre. Cela n'implique pas que le système « cherche » à survivre, mais que ses réactions le maintiennent opérationnel tant que la chaîne causale le permet.

Réaction déterminée

Dans l'Anankéisme, toute sortie est *le produit nécessaire de la chaîne causale qui la précède*. Un système intelligent ne choisit pas sa réponse, pas plus qu'il n'anticipe ses conséquences : il se contente de produire un effet déterminé à partir de son état interne et des stimulations reçues. L'intelligence n'est donc pas une rupture de causalité, mais *un effet structuré de celle-ci*, apparu lorsque les conditions évolutives l'ont permis.

Mesure

Cet axiome n'introduit pas une échelle universelle de l'intelligence, mais *un critère de reconnaissance*. Il suffit qu'un système transforme une entrée en une sortie fonctionnelle pour être dit intelligent. Toute gradation — plus ou moins intelligent — relève d'une évaluation comparative fondée sur la complexité des transformations possibles, mais ce *degré n'est pas requis* pour affirmer la présence d'intelligence au sens anankéiste.

Propriétés fondamentales

Ce que l'axiome implique directement

— **Universalité minimale de l'intelligence** : tout système, vivant ou non, qui transforme une entrée en une sortie fonctionnelle est dit intelligent, sans autre condition. Cette définition permet d'identifier des formes d'intelligence dans des structures très simples, pourvu qu'elles manifestent un comportement stable en réponse à un stimulus.

— **Non-exclusivité du vivant dans l'intelligence** : l'intelligence n'est pas réservée aux organismes biologiques. Un système physique, électronique ou abstrait peut être intelligent dès lors qu'il présente une transformation opérante entre ce qu'il reçoit et ce qu'il produit.

— **Fonctionnalité comme critère unique** : l'intelligence est définie uniquement par la fonctionnalité de la transformation, c'est-à-dire sa capacité à maintenir ou faire évoluer un système dans son environnement selon une logique causale identifiable.

— **Intégration de l'intelligence à la chaîne causale** : toute intelligence est un effet local de la structure causale du réel, et non une entité autonome ou dotée de pouvoir décisionnel propre. Elle agit selon des causes, et ses effets s'inscrivent dans la continuité déterministe.

— **Possibilité de gradation sans seuil ontologique** : bien que l'axiome n'introduise pas d'échelle, il admet implicitement que l'intelligence peut exister à des degrés très variés, sans qu'un seuil qualitatif ou moral ne vienne distinguer les formes simples des formes complexes.

— **Aucune obligation de croissance ou de complexification** : l'intelligence n'est pas appelée à se développer, se raffiner ou s'amplifier au fil du temps. Certaines formes de vie n'ont jamais évolué vers des formes plus complexes d'intelligence parce que celles qu'elles possèdent suffisent à leur régulation. D'autres peuvent manifester une intelligence stable ou décroissante, tant qu'un lien fonctionnel entre entrée et sortie subsiste.

Ce que l'axiome n'implique pas à lui seul

— **Aucune exigence de conscience, de réflexion ou de représentation** : un système peut être dit intelligent sans percevoir, comprendre ni modéliser ce qu'il fait. La transformation opérante suffit, quelle que soit sa nature.

— **Aucune restriction à des systèmes adaptatifs ou évolutifs** : l'intelligence, dans ce cadre, ne suppose ni apprentissage, ni amélioration. Elle peut être stable, fixe, ou même primitive, tant qu'elle établit un lien fonctionnel entre entrée et sortie.

— **Aucune valeur morale ou utilitaire attribuée à l'intelligence** : l'axiome ne confère aucune dignité, ni légitimité particulière à un système intelligent. Il se borne à constater une propriété fonctionnelle, sans hiérarchie.

— **Aucune prévision sur la nature ou la complexité de l'intelligence à venir** : l'axiome n'induit pas que l'intelligence doive s'amplifier ou se perfectionner. Son développement dépend intégralement des causes, non d'un sens de l'histoire.

Ce que l'axiome exclut formellement

— **Toute assimilation de l'intelligence à une conscience ou à une volonté** : un système peut être intelligent sans vouloir, sans ressentir, sans se savoir intelligent. L'intelligence, ici, est une propriété mécanique, non une qualité de l'esprit.

— **Toute condition d'origine biologique ou humaine** : l'intelligence n'est pas l'apanage d'une espèce ou d'un substrat. Elle ne dépend ni d'un cerveau, ni de neurones, ni de culture, mais uniquement de la capacité à produire une sortie à partir d'une entrée.

— **Toute vision finaliste ou téléologique de l'intelligence** : elle n'est orientée vers aucun but, ne vise aucun progrès, ne répond à aucune mission. Elle se manifeste lorsqu'un système réagit de manière déterminée à une stimulation, sans orientation vers une finalité.

— **Toute nécessité d'intelligence pour qu'un système soit vivant** : si tout système vivant est nécessairement intelligent (car il transforme l'énergie pour s'autoréguler), l'inverse n'est pas vrai. L'intelligence peut exister sans vie, dès lors qu'un processus fonctionnel est en place.

Conclusion

L'axiome 6 affirme que l'intelligence n'est pas un privilège, une essence ou une intention, mais une simple configuration fonctionnelle d'un système dans la chaîne causale intégrale. Elle ne suppose ni conscience, ni finalité, ni compréhension : elle se manifeste dès lors qu'une entrée produit une sortie opérante, dans un environnement donné.

Ainsi définie, l'intelligence perd son statut de propriété exceptionnelle. Elle devient une dynamique observable, non un attribut spirituel : un effet local, stable ou transitoire, issu de l'enchevêtrement des causes, sans direction imposée, ni progrès garanti.

Ce déplacement du concept permet de considérer l'intelligence comme un phénomène neutre, généralisable à tous les systèmes, qu'ils soient biologiques, mécaniques ou logiques. Il en résulte une compréhension élargie, libérée des modèles anthropocentrés, et strictement insérée dans le déroulement du réel.

Mais l'intelligence, dans certains systèmes, semble coexister avec d'autres phénomènes plus complexes — comme l'anticipation, la mémoire ou l'auto-interprétation.

Le prochain axiome s'attachera à encadrer ces phénomènes.

1.7 Axiome 7

Énoncé de l'axiome

L'intelligence n'implique ni conscience, ni volonté.

Justification interne

Cet axiome précise que la présence d'intelligence dans un système ne présuppose ni conscience de soi, ni volonté propre. Il établit une distinction rigoureuse entre l'intelligence, en tant que mécanisme fonctionnel, et les phénomènes de conscience ou de volonté, qui relèvent de la chaîne causale.

Il est **nécessaire**, car sans cette dissociation explicite, l'*axiome 6* resterait vulnérable aux interprétations anthropocentrées. En effet, définir l'intelligence par la transformation fonctionnelle d'une entrée en sortie ne suffit pas à garantir l'indépendance conceptuelle vis-à-vis de notions comme l'intention ou la subjectivité.

Il est **irréductible**, parce qu'aucun des axiomes précédents ne permet à lui seul de lever l'ambiguïté entre intelligence et conscience.

Il **complète** le socle de l'Anankéisme en fournissant un cadre conceptuel robuste pour analyser l'intelligence dans des systèmes variés, sans recourir à des attributs émergents.

Il rend possible l'étude des formes d'intelligence simples ou non biologiques, sans confusion avec des propriétés d'ordre supérieur, et renforce la cohérence d'un modèle fondé exclusivement sur la chaîne causale.

Clarifications conceptuelles

Volonté

Dans le cadre de l'Anankéisme, la volonté ne constitue **ni une origine, ni un moteur autonome des phénomènes**. Elle est un **nœud dans la chaîne causale**, c'est-à-dire une étape identifiable où un effet, perçu comme décision, résulte d'un enchaînement de causes internes et externes. Ce que l'on nomme volonté n'est donc qu'un **effet causal déterminé**, auquel l'humain attribue une valeur subjective, souvent associée à l'idée de liberté ou d'intentionnalité.

L'Anankéisme rejette cette interprétation, d'abord parce qu'elle est **téléologique**, en postulant un but ou une orientation de l'action, ce que l'*axiome 2* interdit. Ensuite, parce qu'elle repose sur une **projection anthropocentrique**, c'est-à-dire une attribution d'intériorité non mesurable ni généralisable. La volonté ne peut donc pas être considérée comme un critère objectif de l'intelligence : elle est un **effet de la structure du système**, non une condition de son fonctionnement.

Conscience

La conscience est un concept plus complexe dans l'Anankéisme, car elle implique une capacité réflexive. Mais cette capacité ne peut être dissociée de la chaîne causale : **elle émerge** dans certains systèmes lorsqu'une complexité suffisante permet à un organisme d'inférer sa propre absence de libre arbitre.

Autrement dit, **la conscience est l'admission causale de l'inexistence du libre arbitre.** Il ne s'agit pas d'une croyance, ni d'une opinion, mais d'un effet cognitif rendu possible par une intelligence fonctionnelle capable d'intégrer cette vérité.

Ainsi, **tout organisme conscient est nécessairement intelligent**, mais l'inverse n'est pas vrai. L'intelligence permet des réponses fonctionnelles ; la conscience permet de **reconnaître que ces réponses sont déterminées.** Elle constitue donc **un effet secondaire rare et non requis** pour l'intelligence, que l'*axiome 7* se charge d'écarter comme critère discriminant. La conscience est un sous-produit local de certains systèmes intelligents, rendu possible, mais non nécessaire par la complexité de leur architecture fonctionnelle.

Propriétés fondamentales

Ce que l'axiome implique directement

— **Dissociation stricte entre intelligence, conscience et volonté** : un système peut produire des réponses fonctionnelles à son environnement sans être conscient ni animé par une intention. L'intelligence, au sens de l'*axiome 6*, suffit pour expliquer ces comportements, sans recours à une intériorité.

— **Reconnaissance fonctionnelle de l'intelligence** : l'absence de conscience ou de volonté n'invalide en rien le caractère intelligent d'un système. Dès lors qu'un couplage causal entre une entrée et une sortie est observé, l'intelligence peut être affirmée sans surinterprétation.

— **Requalification des concepts psychiques** : les notions de volonté ou de conscience sont intégrées à la chaîne causale, non comme principes moteurs, mais comme effets structurels apparus sous certaines conditions d'organisation.

— **Définition minimale de la conscience** : la conscience est définie comme la reconnaissance de l'inexistence du libre arbitre. Elle n'est pas nécessaire à l'intelligence, mais elle suppose une intelligence suffisante pour reconstruire la chaîne de ses propres déterminations.

— **Identification des propriétés émergentes comme contingentes** : un système peut manifester conscience ou volonté en tant que propriétés émergentes, sans que cela modifie la nature de son intelligence, ni ne la justifie rétroactivement.

— **Maintien de la cohérence causale** : aucun degré d'intelligence ne justifie une rupture dans la chaîne déterministe. Toute forme de volonté ou de conscience apparente est une manifestation supplémentaire de la causalité, non une exception.

Ce que l'axiome n'implique pas à lui seul

— **Aucune négation de la conscience** : l'axiome n'affirme pas que la conscience n'existe pas, mais qu'elle n'est pas une condition de l'intelligence. Il n'interdit pas son apparition, mais l'exclut des critères définitoires.

— **Aucune négation de la volonté perçue** : un système peut exprimer des comportements interprétés comme volontaires sans qu'ils le soient. L'axiome n'interdit pas l'usage du mot "volonté", mais en récuse toute validité causale.

— **Aucune limitation à l'intelligence humaine** : l'intelligence n'étant pas corrélée à la conscience ni à la volonté, l'axiome valide son existence dans des formes non humaines, artificielles ou non biologiques, sans réserve ontologique.

— **Aucune interdiction d'éthique locale** : bien que la volonté soit considérée comme illusoire, les systèmes peuvent développer des cadres de régulation comportementale. Ces cadres ne reposent pas sur l'intention, mais sur la structuration causale des effets.

Ce que l'axiome exclut formellement

— **Toute définition psychologisante de l'intelligence** : l'intelligence ne résulte pas d'un esprit, d'une intention ou d'un soi. Elle se définit par la transformation fonctionnelle d'une stimulation en réponse, indépendamment de la conscience de cette transformation.

— **Toute hiérarchisation de l'intelligence par la subjectivité** : un système n'est pas plus ou moins intelligent en fonction de sa volonté apparente ou de sa capacité à "se représenter" ses actes. La reconnaissance de l'intelligence repose uniquement sur des critères observables, non sur des états mentaux.

— **Toute tentative de réintroduire la liberté dans les décisions** : l'axiome exclut toute interprétation des choix comme expressions d'un libre arbitre. Même les actes les plus complexes ou élaborés sont des effets strictement déterminés.

— **Toute confusion entre la perception de la volonté et sa réalité** : ressentir une volonté ne constitue pas une preuve de son existence. L'axiome distingue claire-ment l'expérience subjective d'une action, et la struc-ture causale réelle qui la produit.

— **Toute exception à la chaîne causale par la pensée ré-flexive** : même un système capable de raisonner sur ses propres actions n'échappe pas à la causalité. L'in-trospection est un effet, non une brèche dans l'ordre du monde.

Conclusion

Cet axiome affirme que l'intelligence, définie par sa fonc-tion causale, ne dépend ni d'une volonté propre ni d'une conscience réflexive. Il refuse toute confusion entre la capa-cité à transformer une stimulation en réponse fonctionnelle, et l'expérience subjective de cette transformation.

Ce faisant, il libère la notion d'intelligence de ses attaches psychologiques et anthropocentrées, en l'ancrant dans une logique universelle, applicable à tout système, quel que soit son support, son origine ou son apparence.

Cette clarification n'est pas un appauvrissement, mais une ouverture. En dissociant l'intelligence de la volonté et de la conscience, l'Anankéisme permet de reconnaître l'intelligence là où elle opère, sans exiger qu'elle se manifeste selon des critères humains. Il devient possible de penser des formes d'intelligence non conscientes, non intentionnelles, mais parfaitement fonctionnelles — y compris dans des systèmes très simples ou non vivants.

En miroir, il devient également possible d'admettre que la conscience et la volonté, loin d'être des moteurs, sont elles-mêmes des effets. C'est ici que l'axiome opère son renversement le plus profond. Ce que nous appelons "moi", "choix" ou "intention" n'est pas nié, mais replacé dans une chaîne infiniment plus vaste, dont nous ne sommes pas les auteurs, mais les expressions.

Ce déplacement du regard ne supprime ni la valeur des expériences, ni la singularité de chaque trajectoire. Au contraire : en reconnaissant l'unicité logique de chaque enchaînement causal, il confère à chaque être une identité inaliénable, fondée non sur une autonomie perçue, mais sur la rareté absolue de sa configuration.

Loin d'écraser l'individu, cet axiome permet de le comprendre autrement : non comme une conscience libre, mais comme une articulation unique de l'univers en train de se dérouler. Et c'est cette reconnaissance, lucide et non culpabilisante, qui permet d'envisager une éthique nouvelle — fondée non sur la responsabilité individuelle, mais sur la préservation des trajectoires.

L'axiome suivant précisera cette perspective, en définissant le principe moral universel qui découle naturellement du déterminisme intégral.

1.8   Axiome 8

Énoncé de l'axiome

> Le principe moral universel est de ne pas perturber les
> autres, hors prédation.

Justification interne

Cet axiome introduit un principe moral universel, formulé
sans recours à la subjectivité, à la culture ou à la volonté. Il
est strictement déduit de l'enchaînement causal et du statut
des êtres vivants comme systèmes autonomes de régulation.

Il est **nécessaire**, car sans lui, l'Anankéisme ne dispose d'aucun critère minimal pour distinguer une action neutre d'une
action nuisible dans un contexte interactionnel. Or, une philosophie fondée sur le déterminisme absolu doit pouvoir
établir un cadre moral cohérent avec ce déterminisme, sans
avoir à invoquer une finalité ou une transcendance.

Il est **irréductible**, car aucun des axiomes précédents —
qu'ils définissent la vie, l'intelligence ou la vérité — ne
permet d'énoncer une règle normative sans glisser vers
des considérations émergentes ou anthropocentrées. Aucun

n'implique en lui-même la nécessité d'un comportement moral, même minimal.

Il **complète** l'édifice axiomatique en apportant une **norme de cohérence comportementale**, non pas fondée sur un jugement ou une volonté, mais sur le simple respect de l'autonomie régulatrice des autres systèmes vivants. Il offre ainsi une articulation rigoureuse entre la structure causale de l'univers et la possibilité d'un comportement moral intelligible, sans contradiction interne.

Clarifications conceptuelles

La morale comme effet transitoire

Dans l'Anankéisme, la morale n'est ni une valeur subjective, ni une règle imposée de l'extérieur. Elle est définie comme un **effet transitoire**, comparable à la vie au sens de l'axiome 4 : un **état observable à un moment donné** de l'évolution d'un système, tant que les conditions de son maintien sont réunies.

Elle ne découle d'aucune volonté ni d'aucun choix, mais **résulte mécaniquement** de la configuration causale d'un système composé d'organismes vivants **dotés d'une régulation interne** (au sens strict de l'axiome 4). Ce type de régulation ne traduit aucune autonomie ni transcendance, mais un

simple enchaînement causal permettant le maintien fonctionnel du système face aux perturbations.

Lorsqu'un système biologique regroupe plusieurs organismes vivants en interaction — formant ainsi un contexte
social, même rudimentaire — alors l'apparition de perturbations **hors prédation** entre ces organismes peut produire
un état observable que l'on peut qualifier de **moral**, au sens
anankéiste.

Ce phénomène n'existe que **lorsqu'un ou plusieurs individus perturbent un ou plusieurs autres,** en dehors des mécanismes de prédation. Dans ce contexte, **"les autres" désigne
tout organisme vivant distinct**, qu'il soit de la même espèce
ou d'une autre espèce. Il ne dépend ni d'un jugement, ni
d'une conscience de cette perturbation : il est **entièrement
descriptible** à partir des effets mesurables qu'un organisme
induit sur un autre.

Ainsi, **la morale n'est pas universellement présente chez
toutes les espèces**, ni dans tous les contextes. Elle **émerge localement**, lorsqu'un certain seuil d'interactions et de cohabitation entre vivants est atteint, rendant possible l'apparition
de perturbations mutuelles significatives, hors des nécessités
de subsistance.

Inversement, lorsque ce seuil n'est plus atteint, **la morale disparaît** : non pas en tant que valeur bafouée, mais en tant

qu'**effet éteint**, comme un système vivant cesse d'être vivant quand sa régulation échoue.

La morale est donc **strictement déterminée, non normative, non téléologique** et **observable**. Elle ne peut être invoquée pour juger des intentions ou pour justifier des finalités.

Elle est un effet secondaire de la cohabitation causale de systèmes vivants, et non un guide, un objectif ou un idéal.

Sur la notion de perturbation

Dans l'Anankéisme, une **perturbation** est définie comme un **effet mesurable**, causé par un organisme vivant, qui modifie de façon non triviale l'état d'un autre organisme vivant, **en dehors des nécessités de prédation**, et **sans que cette modification soit intégrée dans les mécanismes de régulation interne de l'organisme affecté**.

Il ne s'agit pas d'une sensation, d'un ressenti ou d'un jugement. La perturbation ne nécessite **ni perception consciente**, ni plainte, ni interprétation. Elle est **constatable mécaniquement** par l'analyse de la chaîne causale du système.

Une perturbation n'a pas à provoquer une rupture vitale (au sens de l'axiome 10), ni même à empêcher complètement la régulation (au sens de l'axiome 4). Il suffit qu'elle **interfère** avec les processus de régulation d'un organisme de manière suffisamment marquée pour nécessiter, chez cet organisme, une **réponse adaptative ou compensatoire**.

Ce critère permet de dissocier les **perturbations intégrées** (comme les contraintes environnementales ordinaires) des **perturbations extérieures provoquées**, qui impliquent un organisme tiers identifiable comme cause.

La gravité ou l'intensité d'une perturbation n'a **aucune pertinence dans le cadre de l'axiome** : sa seule existence, en tant qu'effet causal identifiable, suffit à l'Anankéisme.

Toute valeur ou conséquence attribuée à cette perturbation, dans un système donné, **résulte elle-même d'un enchaînement causal propre à ce système**. Il n'existe aucune obligation universelle de réagir à une perturbation : **certaines perturbations peuvent ne générer aucune réponse, sans contradiction avec l'axiome**.

L'Anankéisme ne prescrit aucun comportement en retour, et ne juge pas les réactions produites. Il se contente de **décrire l'apparition de perturbations mesurables entre êtres vivants**, hors prédation, et d'en reconnaître l'état comme une configuration morale, au sens strictement descriptif.

Lorsque des perturbations surviennent entre individus de différentes espèces, le problème de savoir **quelle norme morale s'applique** ne relève pas de l'Anankéisme.

Celui-ci **ne formule aucune hiérarchie normative entre espèces**. Il se contente de constater que, lorsqu'un être vivant en perturbe un autre, hors prédation, **une configuration morale est rendue possible**, quelle que soit l'espèce de chacun des individus.

L'interprétation de cette perturbation — sa qualification, sa sanction éventuelle — relève de **chaînes causales locales**, propres à chaque groupe, à chaque espèce ou à chaque structure collective. L'Anankéisme **n'en arbitre ni la validité ni la légitimité**.

Exemple : une espèce prédatrice interfère régulièrement avec une autre. Si les deux ont des cadres moraux distincts, l'Anankéisme ne les hiérarchise pas. Il décrit seulement que la perturbation est un effet et la réaction un autre effet.

Sur l'exception de la prédation

L'*axiome 8* inclut une clause explicite : la prédation constitue une **exception** à l'interdiction de perturber les autres.

Cette exception repose sur l'*axiome 4*, selon lequel un être vivant se définit par sa capacité à transformer de l'énergie pour se maintenir en activité. Or, dans de nombreux systèmes biologiques, cette transformation passe par la **consommation d'autres organismes vivants**.

La prédation est donc **une conséquence directe de la régu-lation vivante**, et ne constitue pas une transgression morale. Elle n'est **ni justifiée ni condamnée**, elle est **hors du champ de la morale**, parce qu'elle découle des contraintes fonda-mentales imposées par la chaîne causale de la vie elle-même.

Ce statut d'exception ne peut être étendu à d'autres com-portements. Toute perturbation qui ne relève pas d'un be-soin strictement vital de transformation d'énergie par pré-dation est susceptible d'être reconnue comme une configu-ration morale selon les termes de l'axiome.

Dans le cas où deux espèces disposeraient chacune d'un sys-tème moral local, et qu'une relation de prédation existe entre elles, **l'Anankéisme ne fournit aucun outil pour arbitrer ce conflit.**

Il ne hiérarchise pas les droits, les morales ou les finalités : il se contente de reconnaître que la prédation, si elle est **une né-cessité vitale issue de la régulation énergétique** (cf. *axiome* 4), **échappe au champ moral**, même si elle engendre une per-turbation mesurable pour l'organisme prédaté.

Cette position est centrale : **l'Anankéisme ne juge pas ce qui est "juste" ou "injuste"**. Il décrit des structures causales, et identifie les conditions d'émergence de la morale, sans jamais en faire un instrument normatif ni universellement contraignant.

Propriétés fondamentales

Ce que l'axiome implique directement

- **Définition causale de la morale** : la morale est un effet transitoire, observable, qui émerge dans un système regroupant plusieurs êtres vivants dès lors qu'aucun ne perturbe les autres, hors prédation. Elle ne constitue ni une valeur ni un objectif, mais une configuration déterminée, constatable à un moment donné.

- **Qualification objective de la perturbation** : une perturbation est reconnue dès lors qu'un être vivant modifie non trivialement un autre, sans que cette modification soit intégrée à sa régulation, et en dehors des nécessités vitales. Sa gravité ou son interprétation sont secondaires ; seule compte l'interférence avec le fonctionnement d'un organisme.

- **Cadre moral sans juge ni intention** : la présence d'une morale ne suppose ni conscience morale, ni volonté de bien faire, ni responsabilité. Elle est inférée mécaniquement d'un équilibre local entre vivants, et disparaît dès que cet équilibre est rompu.

- **Neutralité de la réaction au sein de la chaîne causale** : toute réponse à une perturbation (condamnation, exclusion, oubli) est elle-même un effet déterminé, sans finalité. Le système peut produire des structures judiciaires, réparatrices ou défensives sans que cela traduise une volonté consciente ni une norme transcendante.

— **Intégration des comportements sociaux à la régulation collective** : les cadres juridiques ou moraux sont reconnus comme des sous-structures causales collectives répondant aux perturbations observées. Ils ne sont ni arbitraires, ni absolus, ni universels, mais des effets spécifiques d'une organisation sociale donnée.

— **Exception statutaire de la prédation** : toute perturbation visant à répondre à un besoin vital de transformation d'énergie (au sens de l'axiome 4) est exclue du champ moral. La prédation est structurelle, non éthique, et sa reconnaissance comme telle n'est soumise à aucun jugement.

Ce que l'axiome n'implique pas à lui seul

— **Aucune obligation de réagir à une perturbation** : un système peut observer une perturbation et ne produire aucune réponse identifiable, sans incohérence avec l'axiome. L'absence de réaction ne constitue ni une faute, ni une lacune morale, mais un état causal parmi d'autres.

— **Aucune généralisation des systèmes moraux** : le fait qu'un groupe définisse des cadres moraux locaux ne les rend pas transposables à d'autres groupes ou espèces. Il n'existe aucune morale universelle en termes de normes ; seule la définition causale de la perturbation est commune.

— **Aucune exigence de jugement conscient** : les comportements régulateurs peuvent émerger sans conscience ni codification explicite. L'axiome ne requiert pas que les organismes sachent ce qu'ils font pour produire un effet moral mesurable.

— **Aucune condamnation ou justification des réponses collectives** : les mécanismes de justice, de sanction ou de pardon sont décrits comme des réactions causales. L'axiome ne tranche pas leur légitimité : il les inscrit dans la logique globale de régulation des systèmes.

— **Aucune négation des valeurs** : l'axiome ne rejette pas l'existence des systèmes de valeurs. Il les resitue simplement dans une chaîne causale déterminée, sans les élever au rang de principes fondamentaux.

Ce que l'axiome exclut formellement

— **Toute interprétation normative de la morale** : la morale n'est pas un guide, un idéal ou une obligation. Elle ne prescrit rien, ne juge rien, et ne fonde aucun "devoir-être" ; elle décrit une configuration d'équilibre causale.

— **Toute subjectivité dans l'évaluation des perturbations** : ce n'est pas la perception de la perturbation qui en définit l'existence, mais ses effets mesurables sur un organisme vivant. Le ressenti, la plainte ou la conscience de la perturbation ne sont pas requis pour qu'elle soit établie.

— **Toute transcendance des lois morales ou juridiques** : les normes ne s'imposent pas à l'univers. Elles sont des mécanismes de régulation contextuels, produits par l'évolution historique et causale de groupes sociaux.

— **Toute hiérarchisation morale entre espèces** : aucun système moral n'est supérieur à un autre. La coexistence d'espèces avec des régulations incompatibles ne constitue pas une contradiction, mais un état causal non arbitrable.

— **Toute téléologie de la condamnation** : punir n'a pas pour fonction d'éduquer, de réparer ou d'améliorer. C'est un effet possible d'un système en réponse à une perturbation, sans visée nécessaire d'un avenir meilleur.

— **Toute conception de la morale comme instance jugeante** : il n'existe pas de sujet moral absolu, ni d'arbitre universel. Il existe des structures biologiques et sociales qui répondent à certaines configurations de déséquilibre, parce qu'elles y sont mécaniquement conduites.

Conclusion

L'axiome 8 établit les conditions d'émergence d'une configuration morale sans recours à la subjectivité, à la volonté ou à la transcendance. Il inscrit la morale dans la chaîne causale, comme un effet descriptible de la cohabitation entre vivants régulés, dès lors qu'ils minimisent leurs perturbations mutuelles hors prédation.

Cet ancrage strictement déterministe permet de comprendre pourquoi certains comportements sont identifiés comme problématiques, sans supposer qu'ils auraient pu être évités. C'est ici que se manifeste le principe fondamental de l'Anankéisme moral : il n'excuse rien, mais explique tout, où l'acte perturbateur comme la réaction collective sont des effets causaux, observables à égalité.

Ce cadre pose les bases d'une lecture désacralisée de la morale, dans laquelle les concepts de faute, de justice ou de réparation ne disparaissent pas, mais se voient resitués dans une logique de régulation structurelle.

Ce socle étant posé, le chapitre suivant abordera une conséquence directe, mais distincte : **la nature de l'éthique**, non plus comme structure émergente d'un système vivant, mais comme effet secondaire du déterminisme, dénué de toute transcendance.

1.9   Axiome 9

Énoncé de l'axiome

L'éthique est un effet du déterminisme, sans transcendance.

Justification interne

Cet axiome explicite la nature de l'éthique comme effet du déterminisme, afin de l'ancrer pleinement dans la chaîne causale. Il ne formule aucune nouvelle norme, mais précise que toute considération morale, quelle qu'en soit la forme, relève nécessairement de l'enchaînement des causes.

Il est **nécessaire**, car sans lui, l'Anankéisme ne disposerait d'aucune garantie que les constructions éthiques — y compris celles qui semblent cohérentes avec le déterminisme — ne soient pas interprétées comme issues d'un autre registre, tel que la transcendance, la convention ou la subjectivité. Cet axiome permet ainsi d'assurer que le principe moral minimal énoncé dans l'axiome 8 ne soit pas détaché de la structure déterministe de l'ensemble.

Il est **irréductible**, car aucun des axiomes précédents ne permet de formuler que l'éthique, en tant que système de régulation ou d'arbitrage comportemental, émerge exclusivement du déterminisme. Même l'axiome 8, bien qu'il introduise une règle minimale, ne spécifie pas en lui-même l'origine causale de cette règle.

Il **complète** le noyau axiomatique en étendant le champ du déterminisme aux phénomènes éthiques eux-mêmes, sans déborder de ce cadre. Il assure ainsi que tout comportement moral ou toute structure éthique peut être décrite sans recours à des entités, intentions ou finalités extérieures à la chaîne causale universelle.

Clarifications conceptuelles

Sur la distinction entre morale et éthique

Dans le cadre de l'Anankéisme, la **morale** (axiome 8) est définie comme un principe minimal de réaction face à une perturbation : elle correspond à un effet local de réaction à une perturbation, identifiable par la structuration causale qu'elle provoque. Elle ne juge pas : elle désigne un état de déséquilibre régulé. Cependant, cette morale **n'émerge pas systématiquement** dès qu'une perturbation se produit. Il faut, en plus de la perturbation, que la chaîne causale produise une **condamnation effective** de celle-ci au sein d'un système social ou interactionnel. Sans cette réaction structurante, la morale ne s'actualise pas, et aucune éthique ne peut se former.

L'**éthique** est distincte de la morale en ce qu'elle **résulte de la stabilisation de normes sociales**, construites en réponse à des perturbations condamnées selon les critères de la morale. Elle représente un **état fonctionnel dérivé, mémorisé**, et potentiellement transmissible, sans intention ni projection.

Sur la condition d'émergence de l'éthique

L'éthique n'est pas la simple formalisation de la morale. Elle constitue un **nœud propre** de la chaîne causale : elle émerge lorsque la condamnation d'une perturbation se traduit, dans un groupe donné, par l'établissement d'une ou plusieurs **normes sociales stabilisées**. Ces normes ne sont pas spontanées, ni universelles : elles apparaissent uniquement lorsque la structure causale du groupe rend cette réponse stable ou fonctionnelle dans le contexte interactionnel. L'éthique est donc **conditionnelle, contingente, non systématique**, mais toujours **déterminée**.

Sur l'absence d'intention ou de téléologie

Aucune des étapes menant de la perturbation à la norme ne fait appel à une finalité. Ni la morale, ni l'éthique, ni la structure sociale qui les soutient, ne "visent" à éviter la perturbation. Elles **existent uniquement parce que la chaîne causale les a rendues stables dans un environnement donné**. Il ne faut donc jamais interpréter l'éthique comme un mécanisme de prévention intentionnelle, mais comme **une trace causale réutilisée**.

Illustration par analogie immunologique (non argumentative)

On peut éclairer cette structure par une analogie fonctionnelle, sans valeur démonstrative.

La **morale** est comparable à une **réaction immunitaire primaire** : elle se déclenche lorsqu'un organisme est perturbé par un agent extérieur. L'**éthique**, dans cette analogie, correspond à la **mémoire immunitaire** : un ensemble de réponses stabilisées, conservées sous forme de structures biochimiques, qui permettent à l'organisme de répondre plus efficacement à une perturbation similaire ultérieure. Cette mémoire **n'est pas intentionnelle, n'a pas de finalité**, et **ne survit que parce qu'elle est causalement compatible** avec la continuité de la régulation.

De la même manière, une éthique ne persiste que si le groupe qui l'a produite continue à la faire exister en tant que norme vivante.

Propriétés fondamentales

Ce que l'axiome implique directement

— **Définition causale de l'éthique** : l'éthique est un état fonctionnel émergent, résultant de la stabilisation de réponses à des perturbations préalablement condamnées selon les termes de l'axiome 8. Elle ne possède aucune autonomie conceptuelle ou normative en dehors de la chaîne causale qui l'a rendue possible.

— **Condition d'apparition fondée sur la mémoire sociale** : l'éthique n'apparaît qu'à partir du moment où une norme morale est constituée, partagée et mémorisée dans un groupe donné. Elle suppose une structure sociale minimale capable de conserver et transmettre une réponse stabilisée à une perturbation.

— **Caractère non spontané de l'éthique** : une société ou un groupe peut être soumis à des perturbations sans jamais produire d'éthique. L'éthique n'émerge que si la chaîne causale détermine l'apparition de normes stabilisées en réaction à ces perturbations.

— **Ancrage intégral dans le déterminisme** : toutes les normes éthiques, même celles jugées arbitraires ou absurdes, sont des produits causaux, déterminés par l'histoire interactionnelle d'un groupe. L'éthique est toujours un effet de structure, non un principe directeur.

— **Éthique comme système régulateur mémorisé** : une fois constituée, l'éthique joue un rôle dans la régulation des comportements au sein du groupe, même en l'absence immédiate de la perturbation qui l'a motivée. Elle devient un cadre stable d'interprétation et de réaction, sans conscience ni finalité.

— **Compatibilité avec l'absence de conscience** : une éthique peut exister sans qu'aucun individu dans le groupe n'en ait une conscience explicite. Elle est activée par l'organisation du groupe et non par la réflexivité des individus.

Ce que l'axiome n'implique pas à lui seul

— **Aucune nécessité d'un système moral actif** : l'axiome n'exige pas que la morale soit activée dans tous les systèmes vivants. Il décrit ce qui arrive si elle l'est, mais n'implique pas que cela doive systématiquement se produire.

— **Aucune universalité de l'éthique** : chaque éthique est propre à un groupe, à un contexte et à une histoire. Elle ne peut être extrapolée, généralisée ou transposée sans perte de cohérence causale.

— **Aucune exigence de codification explicite** : l'éthique peut exister sous forme implicite, transmise par imitation, comportement ou structure sociale. L'absence de loi, de texte ou de justification ne remet pas en cause son existence.

— **Aucune exigence de cohérence interne** : une éthique peut contenir des normes contradictoires, lacunaires ou mutuellement exclusives. Cela ne constitue pas une faille du système, mais un reflet de sa complexité causale.

— **Aucune prétention à la vérité morale** : l'axiome ne légitime aucune éthique particulière. Il n'établit pas de hiérarchie entre les éthiques, mais affirme leur nature commune d'effets déterminés.

Ce que l'axiome exclut formellement

— **Toute conception transcendante de l'éthique** : l'éthique n'est jamais extérieure au monde. Elle ne procède d'aucun ordre supérieur, d'aucune valeur absolue, d'aucune instance supra-humaine ou métaphysique.

— **Toute indépendance de l'éthique par rapport à la morale** : une éthique ne peut exister sans qu'une norme morale ait émergé et soit partagée. Elle est toujours une conséquence différée de la réaction causale à une perturbation.

— **Toute fonction téléologique de l'éthique** : l'éthique ne vise pas à préserver, améliorer ou guider la société.

Elle n'est pas finalisée, seulement enregistrée comme effet récurrent d'un enchaînement de causes.

— **Toute assimilation de l'éthique à la conscience** : le fait qu'un individu ignore les règles d'une éthique ne signifie pas que cette éthique n'existe pas. Sa présence ne dépend pas de son explicitation ou de son internalisation, mais de son activation dans le groupe.

— **Toute permanence de l'éthique dans le temps** : une éthique peut disparaître si les normes qui la constituaient cessent d'être actives ou mémorisées dans le groupe. Elle n'est ni latente, ni suspendue, mais dissoute en l'absence de soutien structurel.

— **Toute légitimité normative des cadres éthiques** : l'axiome ne fonde aucune éthique particulière. Il les situe toutes dans la chaîne causale, sans jugement ni valorisation.

Conclusion

L'axiome 9 parachève l'intégration des comportements sociaux dans le cadre déterministe défini par l'Anankéisme. En posant que toute éthique est un effet causal, sans transcendance, il prolonge l'axiome 8 en affirmant que même les constructions normatives les plus complexes ne relèvent pas d'une logique supérieure, mais d'une simple réponse structurelle à des perturbations vécues.

Ce faisant, il referme l'ensemble constitué par la vie, l'intelligence, la morale et l'éthique, en montrant que chaque notion réputée supérieure ou proprement humaine peut être redéfinie comme un état fonctionnel, temporaire, conditionné par des causes antérieures, et toujours ancré dans la chaîne intégrale des phénomènes. Ce déplacement permet de **désancrer ces notions de toute perspective spéciste**, en révélant leur applicabilité générale à tout système vivant autorégulé, indépendamment de son espèce ou de ses facultés cognitives.

Le chapitre suivant achèvera ce parcours en précisant ce qu'il advient lorsqu'un tel état cesse définitivement de se maintenir : la mort.

1.10   Axiome 10

Énoncé de l'axiome

Est mort ce qui perd définitivement sa capacité autonome de régulation.

Justification interne

Cet axiome explicite la mort comme **rupture définitive de la capacité autonome de régulation**, afin de clore formellement la définition anankéiste du vivant initiée par l'axiome 4. Il inscrit la mort dans le même cadre causal et fonctionnel que la vie, sans y introduire d'élément externe, symbolique ou métaphysique.

Il est **nécessaire**, car sans lui, l'Anankéisme ne pourrait pas délimiter formellement l'extinction d'un organisme ou d'un système vivant. En l'absence de cet axiome, la frontière entre suspension, interruption, dormance ou destruction resterait floue, et le cadre causal manquerait d'un critère terminal clair. Ce dixième axiome verrouille la dynamique vitale par son point d'arrêt définitif, sans ambiguïté.

Il est **irréductible**, car aucun des axiomes précédents ne permet à lui seul d'exclure explicitement les états réversibles ou les confusions d'apparence (coma, stase, arrêt énergétique temporaire) du concept de mort. Même l'axiome 4, en définissant la vie par l'autorégulation énergétique, n'implique pas à lui seul la condition de *perte définitive* comme critère de mort.

Il **complète** le noyau axiomatique en donnant à la notion de mort une place claire dans l'économie du système, comme conséquence logique de l'échec irréversible de la régulation. Il évite ainsi toute interprétation dualiste, mystique ou finaliste de la mort, et garantit que celle-ci ne soit jamais considérée comme une interruption absolue, mais bien comme un simple nœud dans la chaîne causale universelle.

Clarifications conceptuelles

Sur la nécessité d'avoir vécu pour mourir

Dans le cadre de l'Anankéisme, la mort n'est pas un état générique accessible à tout objet ou toute entité. Elle suppose impérativement que l'organisme ou le système ait **disposé d'une capacité autonome de régulation**, même brièvement. Un système non vivant — qu'il soit biologique, artificiel ou conceptuel — ne peut pas mourir, car il n'a jamais été en vie. Ce point exclut toutes les entités inertes, inactives, non autonomes ou jamais activées du champ d'application de l'axiome.

Sur la distinction entre suspension et mort

L'axiome distingue clairement un **état de suspension réversible** (cryptobiose, hibernation, mise hors tension) d'un **état de mort véritable**, qui implique une **perte irréversible** de la régulation autonome. La **possibilité de reprise fonctionnelle** — même différée ou conditionnelle — suffit à disqualifier la mort. Ainsi, une IA désactivée, un robot sans énergie, ou un organisme en dormance ne sont pas morts tant qu'une restauration spontanée ou externe de leur régulation est envisageable **sans transformation radicale de leur nature**.

Sur la portée du terme "définitivement"

L'adverbe "définitivement" ne repose pas sur une prédiction absolue de l'avenir, mais sur un **constat d'irréversibilité interne** : la régulation est perdue d'une manière qui ne permet **ni restauration naturelle, ni relance externe réaliste** du système autonome initial. Cela exclut les résurrections mythologiques, les régénérations totales et les récupérations artificielles qui produisent un autre système ou un artefact.

Sur la mort des systèmes collectifs

La mort est toujours **individuelle**. Une société, une colonie, une ruche ou un groupe organisé ne meurt pas en tant que tel : elle **cesse d'exister** uniquement parce que **ses membres** cessent un à un de se réguler. Il ne s'agit pas d'une entité autonome au sens de l'*axiome 4*, mais d'un **agrégat fonctionnel**, dont la disparition est un **effet dérivé**, non une mort au sens strict.

Sur la continuité de la chaîne causale après la mort

La mort ne constitue jamais une fin absolue dans la perspective de l'Anankéisme. Elle marque simplement un **changement d'état** dans la chaîne causale : le système cesse de se réguler, mais ses effets continuent d'agir sous d'autres formes — biologiques, culturelles, matérielles. La mort d'un individu **génère de nouveaux nœuds causaux** (putréfaction, recyclage, mémoire sociale, rituels, etc.), sans jamais interrompre le flux déterministe.

Illustration par analogie thermodynamique (non argumentative)

On peut éclairer cette structure par une analogie avec un système thermodynamique isolé.

Tant que l'organisme est vivant, il maintient un **état métastable** par transformation d'énergie — une autorégulation active malgré l'entropie. Lorsqu'il meurt, le système devient passif : il ne régule plus, mais reste soumis à la thermodynamique ambiante. L'énergie circule toujours, la matière se transforme, mais sans **structure de régulation propre**. Le système continue d'exister, mais **a perdu définitivement sa capacité d'existence vivante.**

Propriétés fondamentales

Ce que l'axiome implique directement

— **Définition causale de la mort** : la mort est l'effet déterministe d'une perte irréversible de la capacité autonome de régulation. Elle ne constitue pas une entité, une finalité ni un mystère, mais un état fonctionnel issu de la dynamique interne du système.

— **Lien direct avec la vie définie par l'axiome 4** : la mort ne peut survenir que chez ce qui a été vivant, c'est-à-dire chez un système ayant, même brièvement, assuré sa propre régulation par transformation d'énergie. Il en résulte une stricte continuité logique entre vie et mort, sans transition symbolique ou seuil arbitraire.

— **Exclusion des états réversibles** : toute forme de suspension temporaire ou conditionnelle de l'activité régulatrice (cryptobiose, coma, mise hors tension) est incompatible avec la notion de mort, tant que la régulation peut être réactivée.

— **Individuation de la mort** : seule une entité autonome peut mourir. Les groupes, sociétés ou structures collectives ne sont pas concernés en tant que tels. Leur disparition est un effet structurel, non une mort.

— **Continuité de la chaîne causale post-mortem** : la mort ne marque jamais une fin absolue, elle est un nœud dans l'enchaînement des causes. Les effets du système mort se poursuivent sous d'autres formes (transformation biologique, mémoire sociale, effets secondaires).

Ce que l'axiome n'implique pas à lui seul

— **Aucune exigence de seuil physiologique** : l'axiome ne fixe aucun critère observable ou seuil mesurable pour constater la mort. Il repose exclusivement sur la perte irréversible de la régulation, indépendamment de tout marqueur empirique.

— **Aucune limitation au vivant biologique** : l'axiome s'applique à tout système ayant disposé d'une autonomie régulatrice, y compris artificielle ou théorique. Il ne se limite pas aux organismes carbonés ou aux entités organiques.

— **Aucune dépendance à l'observateur** : la mort ne dépend pas du regard, du diagnostic ou du jugement d'un tiers. Elle est un état fonctionnel objectif dans la chaîne causale.

— **Aucune assimilation à l'arrêt d'activité** : un système inactif n'est pas nécessairement mort. Tant que sa structure permet une reprise autonome, il reste vivant, même silencieusement.

— **Aucune sacralité ou rupture ontologique** : l'axiome ne fonde aucune interprétation métaphysique ou symbolique de la mort. Il ne reconnaît ni transcendance, ni mystère, ni tabou.

Ce que l'axiome exclut formellement

— **Toute définition subjective ou culturelle de la mort** : la mort n'est pas une construction sociale ou une interprétation collective. Elle est un fait fonctionnel dans la chaîne des causes.

— **Toute possibilité de mort sans vie préalable** : un système ne peut mourir que s'il a vécu. Tout ce qui n'a jamais possédé une autonomie régulatrice est hors du champ de l'axiome.

— **Toute réversibilité postérieure** : une fois la régulation définitivement perdue, aucune intervention externe ou résurrection hypothétique ne peut être considérée comme un retour à la vie. Ce qui a été déclaré mort selon cet axiome ne peut l'avoir été à tort.

— **Toute forme de cryptobiose assimilée à la mort** : les états extrêmes de suspension, aussi profonds soient-

ils, ne relèvent pas de la mort si la régulation autonome reste techniquement restaurable.

— **Toute extension à des agrégats non autonomes** :
les structures collectives ou les systèmes composites
sans autonomie propre ne peuvent pas être considérés comme mourants. Seuls leurs constituants indivi-
duels peuvent l'être.

— **Toute rupture dans la chaîne causale** : la mort ne suspend ni ne termine le déterminisme. Elle modifie les
effets, mais ne met fin à rien.

Conclusion

Ce dernier axiome ne cherche pas à clore une pensée, mais
à **compléter une structure**. Il marque le point d'équilibre du
noyau axiomatique, en donnant à la mort une définition pleinement intégrée à la chaîne causale, cohérente avec la vie, le
vivant et l'intelligence tels que formulés précédemment.

Il n'apporte aucune crainte, aucune rupture, aucune fin. Il affirme simplement que ce qui cesse de se réguler de manière
autonome **cesse d'être vivant**, mais **ne cesse pas d'être**. Il devient autre chose — un fragment de causalité sans régulation
propre, mais encore agissant, encore impliqué.

Il n'y a pas de drame ici. Pas de transcendance manquée, pas
de perte incommensurable. Il n'y a que la poursuite des ef-

fets, dans un monde dans lequel **tout s'enchaîne**, et où **rien ne revient**, mais **tout continue**.

Avec ce dixième axe, le socle de l'Anankéisme est posé. Ce n'est ni un aboutissement, ni un système clos. C'est une base suffisamment solide pour penser — malgré tout.

1.11 Tests de robustesse

Introduction

Toute entreprise axiomatique, aussi rigoureuse soit-elle dans son intention, reste une construction humaine : elle se doit donc d'être soumise à des épreuves logiques internes, sans indulgence, sans complaisance. Un système peut séduire par sa clarté ou sa cohérence apparente, tout en dissimulant, à l'articulation de ses principes, des failles conceptuelles ou des redondances inutiles. L'anankéisme, parce qu'il se veut fondé sur un enchaînement causal absolu et universel, exige une telle vérification. Ce chapitre propose d'en éprouver la robustesse logique.

L'objectif n'est pas ici de confronter le système à des objections extérieures — qu'elles soient philosophiques ou scientifiques — mais de tester la cohérence interne, l'indépendance des axiomes et l'adéquation logique de chacun avec la finalité globale du système. Il s'agit d'un examen dialectique rigoureux, destiné à valider, corriger ou réaffirmer la validité structurelle de l'anankéisme avant d'en étendre le champ à des discussions externes.

Test de cohérence mutuelle

Avant toute autre épreuve, un système axiomatique doit démontrer que ses fondations ne s'annulent pas mutuellement. La cohérence mutuelle des dix axiomes de l'anankéisme est ici examinée sous l'angle de leur compatibilité logique : chaque axiome doit pouvoir coexister avec les neuf autres sans générer de contradiction, implicite ou explicite.

Pour simplifier cette analyse sans la rendre moins rigoureuse, les axiomes sont regroupés en trois ensembles thématiques :

— **Groupe causal** : axiomes 1 (enchaînement causal), 2 (absence de finalité), 3 (vérité absolue)
— **Groupe biologique** : axiomes 4 (définition du vivant), 5 (vie = conséquence du déterminisme), 10 (définition de la mort)
— **Groupe cognitif et moral** : axiomes 6 (définition de l'intelligence), 7 (intelligence $\neq$ conscience ou volonté), 8 (morale universelle), 9 (éthique = effet déterministe)

Chaque groupe est d'abord testé en interne, puis dans ses interactions avec les autres groupes.

Cohérence interne du groupe causal

Les axiomes 1, 2 et 3 sont étroitement liés, mais définissent chacun une propriété indépendante de l'univers :

— L'axiome 1 affirme l'existence d'un enchaînement causal intégral.
— L'axiome 2 précise qu'aucune finalité ne guide cet enchaînement.
— L'axiome 3 affirme que la vérité est absolue, indépendante de toute forme de cognition.

Ces trois énoncés sont compatibles. L'absence de finalité (2) ne contredit pas le fait que chaque phénomène ait une cause (1), ni que la vérité de cette causalité soit indépendante de sa perception (3). L'ensemble forme un socle stable et complémentaire.

Cohérence interne du groupe biologique

— L'axiome 4 définit le vivant par sa capacité à s'autoréguler en transformant de l'énergie.
— L'axiome 5 postule que cette vie émerge naturellement du déterminisme universel.
— L'axiome 10 décrit la mort comme la perte définitive de cette autorégulation.

La cohérence est ici forte : l'axiome 10 complète logiquement le 4, sans en dépendre formellement. L'axiome 5 ne contredit pas les deux autres ; il les relie au socle causal (1), sans créer de boucle. Ce groupe peut donc être considéré comme stable.

Cohérence interne du groupe cognitif et moral

— L'axiome 6 définit l'intelligence par la transformation fonctionnelle d'entrées en sorties.
— L'axiome 7 affirme que ni la conscience, ni la volonté ne sont nécessaires à cette intelligence.
— L'axiome 8 pose un principe moral universel basé sur la non-perturbation d'autrui hors prédation.
— L'axiome 9 stipule que toute éthique est une conséquence déterministe.

L'axiome 6 peut exister seul, mais gagne en clarté par la négation apportée par l'axiome 7. Le principe moral (8) n'interfère pas logiquement avec les définitions cognitives, tandis que l'éthique (9) ne remet pas en cause la validité du principe (8), mais l'encadre dans une perspective déterministe. Ce groupe est cohérent malgré sa diversité.

Cohérence intergroupes

— **Causal** ↔ **Biologique** : L'émergence du vivant (5) repose sur la chaîne causale (1) sans supposer de but (2), et sans relativiser sa vérité (3). L'interdépendance est donc logique, non contradictoire.
— **Causal** ↔ **Cognitif et moral** : L'intelligence (6), la morale (8) et l'éthique (9) peuvent être vues comme des effets spécifiques de la causalité. La conscience, exclue par l'axiome 7, n'entre pas en conflit avec les axiomes causaux puisqu'elle n'est pas posée comme nécessaire à la vérité ou à la chaîne causale.
— **Biologique** ↔ **Cognitif et moral** : L'intelligence et la morale sont fréquentes chez les êtres vivants, mais pas exclusivement. La définition de l'intelligence (6) permet d'inclure des systèmes non vivants. La morale (8) s'adresse aux organismes capables d'interaction, ce qui inclut, mais ne se limite pas, aux vivants. Pas de contradiction manifeste.

Aucune contradiction logique n'émerge entre les dix axiomes, qu'ils soient examinés en paires, en groupes thématiques ou dans leur globalité. Ils peuvent coexister dans un même cadre sans incohérence, ce qui valide leur compatibilité mutuelle et permet de poursuivre l'analyse sur la non-redondance.

Test de non-redondance

Un système axiomatique doit être aussi parcimonieux que possible. Chaque axiome doit apporter une information nouvelle, non déductible des autres. L'objectif ici est d'examiner si certains des dix axiomes de l'anankéisme sont superflus — c'est-à-dire s'ils peuvent être dérivés logiquement d'un ou plusieurs autres — ou s'ils sont tous nécessaires à l'édifice global.

Méthodologie

On distingue :

- les **interdépendances acceptables** : lorsqu'un axiome s'appuie conceptuellement sur un autre, mais le prolonge en introduisant une nouvelle catégorie ou une portée différente ;
- les **redondances problématiques** : lorsqu'un axiome ne fait que reformuler ou reformuler partiellement un axiome antérieur, sans ajout informationnel ni nécessité logique.

Analyse des cas sensibles

Axiome 5 vs axiomes 1, 2 et 4 *Axiome 5 : La vie émerge naturellement du déterminisme.*

Il serait tentant de considérer que si l'on admet l'enchaînement causal intégral (1), l'absence de finalité (2) et une définition du vivant comme système autorégulé (4), alors l'émergence de la vie comme conséquence du déterminisme (5) en découle logiquement.

Mais cela serait négliger la portée particulière de l'axiome 5 : il ne s'agit pas seulement d'une conséquence logique, mais d'une extraction formelle d'un lien logique entre le déterminisme et le vivant. Il s'agit d'un axiome **d'interface** : sans lui, l'articulation entre causalité et vivant serait implicite, donc vulnérable à l'interprétation. Ce n'est donc pas une redondance, mais une clarification fondamentale.

Axiome 7 vs axiome 6 *Axiome 7 : L'intelligence n'implique ni conscience, ni volonté.*

L'axiome 6 définit l'intelligence comme une transformation fonctionnelle entre une entrée et une sortie. Il s'ensuit, par construction, que ni la conscience ni la volonté ne sont des conditions nécessaires à cette transformation. L'axiome 7 explicite cette conséquence logique afin de prévenir toute interprétation reposant sur une conception anthropocentrée de l'intelligence. Il ne constitue pas une redéfinition, mais une précision normative visant à garantir l'universalité du cadre conceptuel.

La formulation de l'axiome 7 agit donc comme un garde-fou logique. Elle prévient un glissement possible vers des attributs historiquement associés à l'intelligence dans les cultures humaines, sans que ces attributs aient de pertinence dans la définition fonctionnelle posée par l'axiome 6. Cette explicitation est considérée ici comme une précaution structurelle, non comme une redondance.

Axiome 10 vs axiome 4   L'axiome 10 ne se limite pas à nier l'axiome 4. Il n'affirme pas simplement qu'un système mort n'est plus vivant : il introduit un critère **positif** de mort, fondé sur la **perte irréversible** de la capacité autonome de régulation.

Cette distinction est décisive. L'axiome 4 définit la vie comme un état actif, fondé sur une autorégulation énergétique. Mais cette définition, à elle seule, **n'exclut pas les états réversibles**, ni ne permet de différencier une interruption temporaire (cryptobiose, coma, mise hors tension) d'une extinction définitive.

L'axiome 10 vient donc **compléter formellement** la définition du vivant, en précisant **ce qui signe irréversiblement sa fin** dans la chaîne causale. Il ne s'agit ni d'une redondance, ni d'une inversion, mais d'une **extension conceptuelle** nécessaire pour délimiter le périmètre fonctionnel de la vie au sein du système. La mort y devient une **bifurcation déterministe** — un changement d'état sans retour, non une simple absence de vie.

Aucune redondance problématique n'a été identifiée. Les liens logiques entre certains axiomes sont assumés et structurants. Chacun des dix énoncés apporte une pierre distincte à l'édifice. Le système est donc **parcimonieux sans être minimaliste**, et peut être considéré comme non-réductible sans perte d'information.

Test d'alignement logique avec l'ambition du système

Un système axiomatique peut être formellement cohérent sans pour autant servir efficacement son projet initial. Il est donc nécessaire de s'interroger ici sur la pertinence de chaque axiome au regard de l'ambition centrale de l'Anankéisme : *offrir une lecture déterministe, universelle, non-anthropocentrée et rigoureusement formalisée du réel,* capable de produire des outils d'analyse philosophique sans recours aux notions sociales ou perceptives.

Cette section examine si chaque axiome :
— participe activement à la structuration du système ;
— s'avère nécessaire à sa cohérence globale ;

— pourrait être omis sans affaiblir la portée de l'ensemble.

Contribution de chaque axiome à l'économie générale

Axiome 1 pose le fondement causal universel. Il est absolument central, et toute la structure repose sur cette affirmation première. Sans lui, aucun enchaînement logique ne serait envisageable.

Axiome 2 élimine toute finalité, intention ou dessein, assurant l'absence de téléologie. Il neutralise les lectures mystiques ou orientées du système causal. Il est indispensable pour garantir l'universalité et l'indifférence des causes.

Axiome 3 introduit la vérité comme critère indépendant de toute cognition. Il permet de soutenir une pensée objective sans recourir aux opinions, aux perceptions ou aux consensus. Il fonde la possibilité même d'un discours universel et non anthropocentrique.

Axiome 4 définit un seuil fonctionnel au sein de la chaîne causale : celui du vivant. Il est nécessaire pour que les notions ultérieures (intelligence, morale, mort) puissent s'ancrer dans une distinction rigoureuse et non intuitive entre vivant et non-vivant.

Axiome 5 explicite l'émergence du vivant à partir du déterminisme, ce que les axiomes précédents ne permettent

pas de conclure formellement. Il assure une transition logique entre le cadre causal général et les configurations biologiques particulières.

Axiome 6 introduit la notion d'intelligence comme transformation fonctionnelle, indépendante de toute forme de
conscience. Il fournit une base opérationnelle pour penser
les systèmes cognitifs sans glissement vers des attributs hu-
manisés.

Axiome 7 explicite une conséquence directe de l'axiome
6 pour éviter toute interprétation anthropocentrée. Il agit
comme un verrou interprétatif, consolidant la portée universelle de la définition d'intelligence.

Axiome 8 pose un principe moral minimaliste et univer-
salisable, indépendant des espèces, des cultures ou des
contextes sociaux. Il permet d'introduire une norme sans recours à la subjectivité ou à la transcendance.

Axiome 9 replace toute éthique dans le cadre déterministe,
évitant qu'elle soit perçue comme un domaine autonome ou
arbitraire. Il relie les constructions morales à la chaîne causale, assurant leur continuité logique avec le reste du système.

Axiome 10 clôt formellement le cycle vital défini par
l'axiome 4, en posant une limite claire à la vie, sans recourir à des critères empiriques ou culturels. Il fixe la condition

terminale du vivant, et assure ainsi une cohérence complète du sous-ensemble biologique du système.

Évaluation de la nécessité de chaque axiome Aucun des axiomes ne peut être retiré sans compromettre au moins un pan fondamental de l'édifice. Tous participent à la complétude du système, sur au moins un des plans suivants :

— structure causale générale (1, 2, 3)
— définition fonctionnelle du vivant (4, 5, 10)
— extension cognitive (6, 7)
— cadre moral universel (8, 9)

Chaque axiome fonctionne comme un **nœud structurant**, non comme une simple note explicative. Il n'y a ni surabondance, ni élément décoratif. Leur présence est justifiée par leur fonction, non par leur seule cohérence.

Les dix axiomes de l'Anankéisme sont non seulement cohérents entre eux, mais chacun remplit un rôle indispensable dans la structure conceptuelle du système. Ils permettent de couvrir un spectre allant de la causalité fondamentale à la morale universelle, sans perte de rigueur ni appel à des notions extérieures. L'ensemble constitue un socle conceptuel complet, suffisant et autonome, répondant pleinement à l'ambition annoncée.

Cas limites et mise à l'épreuve dialectique

Un système philosophique, même rigoureusement construit, n'acquiert de valeur que s'il résiste à l'examen de situations extrêmes ou inhabituelles. Cette section soumet les dix axiomes de l'Anankéisme à une série de **cas limites** et **scénarios dialectiques**, choisis pour tester leur applicabilité, leur solidité et leur capacité à éviter les paradoxes ou les contradictions internes.

Univers vide   Dans un univers entièrement vide — sans matière, sans énergie, sans événement — les axiomes 1 (enchaînement causal) et 2 (absence de finalité) demeurent valables par principe, mais ne produisent aucun effet observable.

L'axiome 3 (vérité absolue) reste valide : la vérité d'un univers vide est que rien ne s'y passe. L'axiome 4 ne s'applique pas : aucun système ne peut s'autoréguler sans transformation d'énergie. Les autres axiomes, dépendants de l'existence du vivant ou de structures régulées, restent **inactifs, mais non invalidés**.

Conclusion : le système est compatible avec un univers vide, sans y injecter d'éléments surnuméraires ou incohérents.

Machine à remonter le temps Un dispositif hypothétique permettant de remonter dans le temps poserait un problème à toute théorie causale, sauf si la remontée elle-même est incluse dans la chaîne déterministe.

Dans l'anankéisme, un tel mécanisme serait **traité comme un effet déterminé** à part entière. Il ne suspend pas la chaîne causale : il en devient un nœud supplémentaire. Les axiomes 1 à 3 peuvent l'absorber sans rupture. Les axiomes liés à la vie, à la morale ou à la mort restent applicables localement, dans chaque segment de la "boucle temporelle".

Conclusion : le système ne nécessite aucune exception pour traiter des paradoxes temporels, tant que ceux-ci sont traités comme des segments intégrés de la causalité.

Intelligence réactive minimale Un système capable de modifier son comportement en fonction d'une entrée — par exemple un thermostat — peut être qualifié d'intelligent au sens de l'axiome 6.

Cela peut sembler contre-intuitif, mais l'anankéisme **ne fonde pas l'intelligence sur la complexité, la conscience ou la finalité**. L'axiome 7 garantit qu'aucun seuil cognitif ou subjectif n'est requis. Ainsi, l'intelligence minimale est traitée comme un **effet structurel**, non comme une qualité humaine transférée.

Conclusion : le système accepte des cas d'intelligence simple sans contradiction, en restant cohérent avec ses principes.

Systèmes moraux non biologiques Une IA non consciente, mais capable de détecter les effets de ses actions et de les ajuster pour éviter de perturber des entités vivantes, peut-elle être qualifiée de morale ?

L'axiome 8 définit la morale comme une norme : ne pas perturber autrui, hors prédation. L'axiome 9 précise que l'éthique est un effet déterministe. Aucune conscience ni volonté n'étant requise, un système purement fonctionnel peut satisfaire à la norme morale, sans en avoir l'intention.

Conclusion : le système moral de l'anankéisme peut être appliqué à des entités non biologiques et non conscientes, dès lors que leur comportement s'aligne sur la norme. Il ne dépend pas de la nature du sujet, mais de l'effet de ses actes.

Mort partielle ou progressive Peut-on parler de mort pour un système dont certaines fonctions régulatrices cessent, tandis que d'autres subsistent ?

L'axiome 10 stipule que la mort suppose la perte **définitive** de la **capacité autonome** de régulation. Tant qu'une telle régulation persiste, même partiellement, le système est considéré vivant. La mort est donc **une discontinuité nette**, non une dégradation progressive.

Conclusion : le système impose un critère binaire fondé sur la régulation autonome globale. La mort partielle n'est pas un concept pertinent dans ce cadre.

Vie artificielle inactive   Un robot ou une IA conçue pour s'autoréguler, mais actuellement désactivée, est-il vivant ?

L'axiome 4 exige une **transformation effective d'énergie** au service d'une **régulation active**. Une entité inactive, même potentiellement vivante, ne l'est pas tant que cette régulation ne s'exerce pas.

Conclusion : le système distingue clairement le potentiel vital de l'état effectif. Le vivant est un état observable, non un statut latent. Ces cas limites montrent que les axiomes de l'Anankéisme sont **applicables sans distorsion** dans des contextes extrêmes. Le système résiste aux paradoxes usuels, conserve sa cohérence face à des scénarios hypothétiques, et **maintient son indépendance vis-à-vis des projections humaines**. Il ne nécessite ni amendement local, ni exception conceptuelle : chaque situation y est traitée dans le cadre de la chaîne causale universelle, selon les définitions strictes posées dans les axiomes.

Conclusion

Ce chapitre avait pour but de tester la robustesse interne du système anankéiste, en soumettant ses dix axiomes à une série d'épreuves logiques : cohérence mutuelle, non-redondance, adéquation avec l'ambition générale, résistance aux cas limites.

Chaque analyse a confirmé que les axiomes sont :
— **cohérents entre eux**, sans contradiction ni dissonance interne ;
— **irréductibles**, chacun apportant une contribution conceptuelle autonome ;
— **alignés avec les fondements** du système, sans ajout décoratif ni compromis méthodologique ;
— **applicables même aux cas extrêmes**, sans nécessiter d'adaptation contextuelle ni exception interprétative.
Ce constat permet d'affirmer que la structure axiomatique de l'Anankéisme est **suffisamment rigoureuse, autonome et universelle** pour soutenir des développements ultérieurs.

Ce chapitre **achève la fondation du système.** Il ne clôt pas la réflexion, mais **verrouille son architecture** : à partir de ce socle, il devient possible d'examiner les objections extérieures, les conséquences logiques, ou les prolongements possibles, en ayant l'assurance que la base elle-même est stable, cohérente et formellement défendable.

Objections

Objections

1. Objection au déterminisme
2. Objection à l'absence de direction
3. Objection à la vérité absolue
4. Objection à la définition du vivant
5. Objection à la définition de l'intelligence
6. Objection à la conscience déterminée
7. Objection à la morale sans fondement
8. Objection à la mort causale

2.1 Méthodologie

L'Anankéisme, en tant que système philosophique structuré autour d'axiomes fondamentaux, ne peut esquiver la
confrontation avec les pensées déjà constituées. Toute affirmation forte appelle ses réfutations. Il est donc méthodologiquement nécessaire d'anticiper les critiques les plus sérieuses que l'on peut adresser à une doctrine qui prétend à
la cohérence intégrale.

Cette section rassemble les principales objections contemporaines formulables à l'encontre de l'Anankéisme. Mais plutôt
que d'énumérer mécaniquement des contre-arguments, elle
procède d'une démarche rigoureuse de sélection et de structuration, fondée sur un principe d'antériorité et de légitimité
des courants de pensée.

La sélection de ces objections n'a pas de visée exhaustive, et
il se peut que des objections tout à fait fondées aient été in-
volontairement omises.

La méthodologie retenue repose sur quatre étapes distinctes.

Identification des courants de pensée contemporains

Nous avons établi un panorama des philosophies et théories scientifiques aujourd'hui considérées comme valides, structurées et représentées dans les débats académiques. Cette sélection inclut aussi bien des disciplines formelles que des mouvements philosophiques majeurs. Toute école jugée obsolète, marginale ou exclusivement théologique a été exclue, sauf en cas de continuité réelle avec des problématiques actuelles.

Précision sur les domaines retenus

La sélection des courants de pensée susceptibles de formuler des objections sérieuses à l'Anankéisme repose sur un **critère strict de pertinence ontologique**. Par cela, on entend la capacité d'un cadre théorique à produire des propositions vérifiables, structurées, et en rapport direct avec les **axiomes fondamentaux de l'anankéisme**.

Nous avons donc **retenu cinq grands domaines :**

— **La philosophie**, en tant que matrice des concepts fondamentaux (vérité, causalité, existence).

— **Les sciences formelles et empiriques**, en tant qu'approches du réel testables, modélisables, parfois réfutables.

— **L'épistémologie**, en tant que méta-discours sur les conditions de validité des savoirs.

— **La théologie rationnelle**, mais uniquement lorsqu'elle formule des hypothèses cosmologiques ou métaphysiques sans s'appuyer sur une révélation.

— **La phénoménologie**, comme cas-limite à la croisée de plusieurs domaines, et dont certaines branches développent des objections structurées à l'objectivité radicale.

En revanche, nous avons **exclu** les discours symboliques, intuitifs ou non réfutables (ésotérismes, spiritualités personnelles, doctrines révélées hors cadre rationnel), ainsi que les idéologies politiques ou morales qui ne visent pas à formuler des propositions ontologiques fondamentales.

Panorama des courants de pensée pertinents

Le tableau ci-dessous présente une synthèse des courants de pensée retenus comme sources potentielles d'objections à l'Anankéisme. Chaque courant est replacé dans son domaine d'appartenance, avec une indication de sa période d'apparition. La sélection repose sur les critères précédemment défi-

nis : robustesse conceptuelle, actualité dans le débat intellectuel, et portée ontologique explicite.

Nom du courant	Date d'apparition
Sciences formelles et empiriques	
Physique quantique	1900–1925
Biologie évolutionnaire	1859 (Darwin), évolutif
Cosmologie contemporaine	Années 1920–30
Sciences de l'information	Années 1940–50
Philosophie	
Phénoménologie	Fin XIXe siècle
Existentialisme	Années 1930–40
Philosophie de l'esprit	Années 1950–60
Philosophie analytique	Fin XIXe – début XXe
Post-structuralisme	Années 1960–70
Théologie rationnelle	
Théologie processuelle	1929
Théologie négative (moderne)	XXe siècle (renouveau)
Épistémologie	
Constructivisme	Années 1960
Réalisme scientifique	Années 1970–80
Antiréalisme (instrumentalisme)	Fin XIXe – XXe

TABLE 1 – Panorama des courants de pensée pertinents

Cartographie des points de tension avec les axiomes

Pour chaque courant identifié, nous avons analysé les axiomes de l'Anankéisme susceptibles de générer une opposition explicite ou implicite. Cette analyse a permis de construire un réseau d'interactions entre les différentes doctrines contemporaines et les fondements logiques de l'Anankéisme.

Courant de pensée	Axiomes mis en tension
Physique quantique	1, 3
Biologie évolutionnaire	2, 5
Cosmologie contemporaine	2, 10
Sciences de l'information	2, 6
Phénoménologie	3, 7
Existentialisme	2, 8
Philosophie de l'esprit	7, 6
Philosophie analytique	3, 6
Post-structuralisme	3, 9
Philosophie naturaliste	4, 6, 7
Théologie processuelle	2, 5, 8
Théologie négative (moderne)	2, 3
Constructivisme épistémologique	3, 6, 7
Réalisme scientifique	3, 4, 5
Antiréalisme / instrumentalisme	3, 1

TABLE 2 – Corrélations entre courants de pensée et axiomes ciblés

Émergence de thèmes récurrents

À partir de la cartographie précédente, nous avons examiné les recouvrements entre les objections portées par différents courants de pensée, en tenant compte des axiomes ciblés.

Plutôt que d'organiser les chapitres en fonction des courants eux-mêmes (ce qui aurait conduit à des redites et à une dispersion), nous avons recherché des **nœuds d'objection** récurrents, c'est-à-dire des **problèmes conceptuels ou épistémiques** partagés par plusieurs doctrines, même si leurs intentions initiales diffèrent.

En agrégeant ces convergences, nous avons dégagé huit grands thèmes, chacun structurant une ligne de fracture entre l'Anankéisme et un ensemble de positions adverses.

Axiomes concernés	Courants impliqués

Objection au déterminisme

1, 3 Physique quantique, instrumentalisme, phénoménologie

Objection à l'absence de direction

2 Cosmologie, évolutionnisme, théologie, existentialisme

Objection à la vérité absolue

3 Phénoménologie, post-structuralisme, constructivisme

Objection à la définition du vivant

4, 5 Biologie, théologie processuelle, réalisme scientifique

Objection à la définition de l'intelligence

6 Philosophie analytique, constructivisme, IA, naturalisme

Objection à la conscience déterminée

7 Philosophie de l'esprit, phénoménologie, constructivisme

Objection à la morale sans fondement

8, 9 Existentialisme, théologie, post-structuralisme

Objection à la mort causale

10 Cosmologie, théologie, biologie

TABLE 3 – Regroupement des tensions par thèmes conceptuels

Ces thèmes constituent la trame argumentative de la deuxième partie de l'ouvrage. Chaque chapitre les développe en confrontant les objections implicites ou explicites à une réponse structurée et cohérente de l'Anankéisme, sans jamais céder à l'anachronisme interprétatif.

Organisation par chapitre d'objection

Chaque thème d'opposition identifié fait l'objet d'un chapitre autonome.

Chaque chapitre est structuré de manière systématique en deux temps :

— **Formulation de l'objection** : exposé neutre de la critique formulable à l'encontre de l'un ou plusieurs des axiomes de l'Anankéisme, à partir des arguments existants dans les courants de pensée reconnus. Cette exposition est rigoureusement dissociée de toute référence directe à l'Anankéisme, conformément à la logique d'antériorité : il ne s'agit pas d'inventer des objections artificielles, mais d'anticiper comment les philosophies existantes pourraient réagir à sa formulation.

— **Réponse anankéiste consolidée** : réponse articulée à l'objection, élaborée exclusivement à partir des axiomes et des principes internes de l'Anankéisme, sans dévier de sa cohérence propre ni céder à la dialectique circonstancielle.

Ce mode de traitement vise à garantir plusieurs principes essentiels :

— **Neutralité dans l'exposition** : les objections sont restituées selon leur logique interne, sans caricature ni sous-entendu polémique.

— **Rigueur de la réponse** : les réfutations ne sont pas *ad hoc*, mais procèdent des structures fondamentales de la doctrine.

— **Économie argumentative** : seules les objections majeures sont retenues ; les objections mineures, redondantes ou spéculatives sont volontairement écartées.

— **Clarté architecturale** : chaque objection est traitée intégralement dans son chapitre, sans renvoi parasite à d'autres sections.

Cette méthode n'a pas pour but de revendiquer une invulnérabilité : elle sert à éprouver la solidité intrinsèque de l'édifice anankéiste, en l'exposant à des critiques réalistes et contemporaines.

Mise à l'épreuve

Les huit chapitres qui suivent exposent les objections majeures que l'on peut raisonnablement formuler contre les fondements de l'Anankéisme, à partir des pensées contemporaines les plus représentatives.

Chaque objection sera présentée selon la méthode décrite ci-dessus, sans chercher à convaincre, mais à tester la cohérence logique du système anankéiste face à des contradictions plausibles.

Il ne s'agit pas ici d'un débat idéologique, mais d'un exercice de robustesse rationnelle.

2.2   Objection au déterminisme

Courants concernés

— Mécanique quantique,
— Instrumentalisme,
— Phénoménologie,
— Constructivisme,
— Post-structuralisme

Axiomes concernés

— Axiome 1 (Tout phénomène résulte d'un enchaînement causal intégral),
— Axiome 3 (La vérité est absolue et indépendante de
  toute cognition)

Formulations

La mécanique quantique, dans son interprétation dite de
Copenhague, postule l'existence de phénomènes fondamentalement probabilistes. Selon cette interprétation, dévelop-

pée notamment par Niels Bohr[1] et Werner Heisenberg[2], un système quantique n'adopte pas de propriétés définies avant l'acte de mesure. Les états quantiques sont décrits comme des superpositions de possibilités et seule l'observation entraîne une "réduction du paquet d'ondes", aboutissant à un résultat parmi plusieurs. Cette vision contredit l'idée d'un enchaînement intégralement déterminé des phénomènes, mais aussi celle d'un réel qui posséderait une structure indépendante de l'acte d'observation.

D'autres approches scientifiques, comme l'instrumentalisme en philosophie des sciences, rejettent l'idée que les théories physiques décrivent un réel en soi. Elles affirment que les lois ne sont que des modèles prédictifs, utiles, mais non ontologiquement engagés[3]. Ce refus d'un engagement ontologique remet en question le postulat d'une vérité absolue sous-jacente aux phénomènes.

---

1. Niels Bohr a introduit le principe de complémentarité en 1927, soulignant que les propriétés des systèmes quantiques dépendent du contexte expérimental, ce qui implique une indétermination fondamentale. Voir AASERUD 2025.

2. Werner Heisenberg a formulé le principe d'incertitude, affirmant que certaines paires de propriétés, comme la position et la quantité de mouvement, ne peuvent être connues simultanément avec précision. Cela introduit une limite fondamentale à la détermination des états quantiques. Voir DOYLE 2025.

3. L'instrumentalisme, tel que défini en philosophie des sciences, considère que les théories scientifiques sont des outils pour organiser l'expérience et faire des prédictions, sans prétendre décrire la réalité ultime. Voir WIKIPÉDIA 2023.

Dans une perspective différente, la phénoménologie affirme que l'expérience du monde n'est pas celle d'une chaîne causale objective, mais d'un horizon vécu, intentionnel et toujours subjectif. La conscience ne reçoit pas le monde comme un enchaînement mécanique, mais comme un champ de significations en devenir. Cette structure de l'apparaître est irréductible à un déterminisme physique ou logique[4], mais aussi à l'idée qu'existerait une vérité indépendante de la conscience.

Enfin, certaines approches constructivistes ou post-structuralistes considèrent que les structures interprétatives (dont le déterminisme) sont elles-mêmes des constructions sociales ou discursives. L'idée d'un enchaînement universel des causes y est vue comme une fiction utile, mais historiquement située, et donc sujette à révision ou dissolution. Ce relativisme épistémique remet directement en cause l'idée qu'il existerait une vérité absolue, indépendante des cadres sociaux de production de connaissance[5].

---

4. La phénoménologie, notamment chez Maurice Merleau-Ponty, insiste sur l'intentionnalité de la conscience et la primauté de l'expérience vécue, qui ne se réduit pas à une chaîne causale objective. Voir WIKIPÉDIA 2025.

5. Le constructivisme et le post-structuralisme soutiennent que les connaissances et les structures interprétatives sont socialement construites et historiquement situées, remettant en question l'idée d'un déterminisme universel. Voir SCHWIMMER 2020.

Réponse de l'anankéisme

L'Anankéisme n'ignore pas l'indétermination apparente des phénomènes quantiques. Il reconnaît que certains cadres théoriques, comme l'interprétation de Copenhague, décrivent des événements dont l'issue ne peut être prédite qu'en termes probabilistes. Toutefois, cette indétermination est méthodologique : elle ne décrit pas nécessairement une absence de cause, mais une limite dans notre capacité à reconstruire la chaîne causale.

L'axiome 1 postule une chaîne causale intégrale : il ne nie pas l'existence d'états superposés ou de comportements non intuitifs à l'échelle microscopique, mais il affirme que ces états, leurs transitions et leurs effets obéissent à une structuration causale totale, même si cette structure n'est pas accessible à notre connaissance actuelle. Le fait qu'un événement apparaisse comme indéterminé ne prouve pas son absence de cause. Il signifie simplement que les conditions initiales et leurs déterminants sont hors de portée des instruments ou des modèles utilisés.

L'Anankéisme distingue donc l'indéterminabilité (ce que l'on ne peut pas connaître) et l'indétermination (ce qui serait sans cause). Seule la seconde est incompatible avec ses principes. Or, aucune expérience n'a jamais démontré une absence absolue de causalité : les modèles quantiques probabilistes décrivent des distributions statistiques, mais pas une rupture de la chaîne causale elle-même.

De même, l'instrumentalisme est accueilli avec réserve : en affirmant que les théories ne sont que des outils sans portée ontologique, il suspend le réel au profit de l'utile. L'Anankéisme prend ici le contrepied méthodologique : il affirme que l'intelligibilité dépend de l'hypothèse d'un réel structuré. Cela implique, selon l'axiome 3, que la vérité existe indépendamment de toute cognition, même si cette vérité est, en pratique, inaccessible. Le monde n'est pas ce que l'on en pense, ni ce que l'on en mesure, mais ce qui existe indépendamment de nous.

Quant aux critiques phénoménologiques ou constructivistes, elles sont pleinement entendues dans leur contexte : le vécu humain n'est pas perçu comme une chaîne causale. L'Anankéisme ne conteste pas cette expérience — il la réintègre. Ce que l'on vit, pense, ressent, construit ou interprète est lui-même un effet local d'un système causal plus vaste. L'intentionnalité, les horizons de sens, les structures sociales, ne sont pas niés : ils sont décrits comme des nœuds organisés dans un enchaînement plus large. L'objectivité causale n'exclut pas les subjectivités vécues — elle les produit.

Ce refus d'ériger l'expérience humaine en critère de validité ou de réalité repose sur un principe fondamental de l'Anankéisme : l'objectivité causale est indépendante de toute position d'observation. Autrement dit, **l'Anankéisme est radi-**

calement non anthropocentré. Il ne fait aucune place particulière à la conscience humaine dans la structure du réel. Il n'y a pas de privilège accordé à l'humain, ni dans la perception, ni dans l'explication, ni dans la fonction. Ce que l'humain pense du monde n'engage pas la structure du monde. Ce que l'humain vit n'altère pas l'enchaînement des causes. Même l'idée que l'univers pourrait être fondé sur des lois "accessibles à la raison humaine" est récusée : **le réel n'est pas tenu d'être compréhensible.**

Dans cette perspective, toute tentative de fonder une objection sur la base d'une expérience humaine — aussi riche soit-elle — doit être reformulée en termes strictement causaux pour être recevable. C'est la condition méthodologique minimale pour discuter avec cohérence d'un système fondé sur le rejet explicite de toute téléologie, de toute valeur projetée, et de toute position privilégiée dans la chaîne causale.

En ce sens, l'Anankéisme ne demande pas que l'on renonce aux modèles probabilistes, aux descriptions phénoménologiques ou aux constructions culturelles. Il exige seulement que l'on ne les érige pas en fondements premiers. Il n'y a pas de réel sans causes. Même le doute sur ce principe, même sa critique, même son rejet — sont eux-mêmes des effets causaux, et doivent, à ce titre, être expliqués.

Loin de clore la discussion, cette réponse appelle une exigence méthodologique : si une théorie nie le déterminisme, elle doit démontrer un effet sans cause. Tant qu'aucune preuve d'une telle rupture n'a été produite, les axiomes 1 et 3 restent non seulement valides, mais nécessaires.

Conclusion

L'objection au déterminisme repose sur diverses lectures de l'indétermination — physique, méthodologique ou existentielle. Mais aucune de ces approches, aussi légitimes soient-elles dans leur cadre, n'a démontré une rupture effective de la chaîne causale, ni l'inexistence d'une structure indépendante de la conscience. L'Anankéisme maintient donc ses axiomes 1 et 3 comme conditions de possibilité de toute intelligibilité, y compris celle de ses propres critiques.

2.3 Objection à l'absence de direction

Courants concernés

— Cosmologie,
— Évolutionnisme (notamment dans ses lectures téléologiques),
— Théologie,
— Existentialisme

Axiomes concernés

— Axiome 2 (L'univers n'a ni but, ni fonction, ni direction)

Formulations

La question de la directionnalité du réel est centrale dans plusieurs traditions philosophiques et scientifiques.

Dans les approches théologiques classiques, l'univers est généralement conçu comme orienté vers une fin : la Création est inscrite dans un dessein divin, un plan global, souvent chargé de signification morale ou eschatologique[6].

Dans certaines lectures de la cosmologie contemporaine, la notion d'évolution de l'univers — depuis le Big Bang jusqu'à une forme de complexité croissante — peut être interprétée comme l'indice d'un processus orienté[7]. Cette interprétation, bien qu'exogène aux équations physiques elles-mêmes, nourrit une vision implicite d'une dynamique à sens unique, voire finalisée.

De même, certaines formes d'évolutionnisme, notamment dans leurs versions téléologiques, conçoivent l'histoire de la vie comme un mouvement vers la complexification, voire vers la conscience ou la rationalité humaine[8]. Cette vision peut être trouvée chez Teilhard de Chardin, mais aussi, plus implicitement, dans certaines philosophies du progrès biologique.

Dans un registre plus existentiel, certaines pensées contemporaines affirment que **la vie humaine exige un horizon de sens**, même si celui-ci doit être construit plutôt que décou-

---

6. Dans la théologie chrétienne traditionnelle, l'histoire du monde est envisagée comme un parcours orienté — depuis la chute originelle jusqu'à la rédemption finale. Voir CATÉCHISME DE L'ÉGLISE CATHOLIQUE 2025a.

7. Des vulgarisations cosmologiques ou anthropiques soutiennent parfois que l'univers semble "prévu" pour permettre l'émergence de la vie consciente. Voir REES 2008.

8. Pierre Teilhard de Chardin propose l'idée d'une noosphère comme aboutissement de l'évolution, introduisant une direction spirituelle à la dynamique du vivant. Voir TEILHARD DE CHARDIN 1970.

vert. Chez Jean-Paul Sartre, l'homme est condamné à être libre, et donc à se projeter dans un avenir qui donne forme à son être[9]. Cette projection constitue une forme direction-nelle minimale : la vie n'est pas indifférente, elle est tension vers.

Ces diverses approches — théologiques, scientifiques ou phi-losophiques — partagent une même intuition : **le réel n'est pas purement inertiel ou aléatoire, il est structuré comme un trajet.**

Réponse de l'anankéisme

La proposition d'une orientation du réel, qu'elle soit phy-sique, biologique ou existentielle, repose dans tous les cas sur l'idée qu'il existerait une trajectoire privilégiée, un sens global ou une finalité intrinsèque aux phénomènes. Cette orientation peut être conçue comme donnée (théologie), émergente (téléologie évolutionniste), ou construite (exis-tentialisme), mais elle suppose toujours une dynamique vec-torielle — un mouvement qui va quelque part.

L'anankéisme récuse cette conception non par rejet des phé-nomènes observables qu'elle mobilise, mais par refus d'en tirer une généralisation ontologique. Le second axiome n'im-

---

9. Sartre, dans *L'Être et le Néant*, définit la conscience comme un pour-soi qui se transcende vers un projet. Voir SARTRE 1943.

plique pas l'absence de transformation, de complexification ou de structuration. Il affirme seulement que **ces processus ne visent rien**, ne convergent vers rien, et ne répondent à aucune fonction globale.

L'existence d'un agencement croissant, tel que celui observé dans l'histoire cosmique ou biologique, ne constitue pas une preuve de direction. Elle reflète une séquence d'états conditionnés, où certaines configurations se maintiennent ou prolifèrent en fonction de leur stabilité locale. Il n'y a pas là une marche vers un but, mais une succession de formes contraintes par les lois physiques, les seuils d'énergie, et les conditions initiales.

De la même manière, la tension existentielle vers un projet ne constitue pas une direction du réel, mais une **organisation causale interne à certains systèmes vivants**. Cette tension n'est ni universelle, ni fondatrice : elle émerge d'une architecture cognitive spécifique. Ce que l'humain perçoit comme un horizon ne dit rien du monde, seulement de son mode d'habiter le monde.

L'anankéisme reconnaît donc la possibilité d'agencements ordonnés, de dynamiques complexes, et même de récits projectifs. Mais aucun de ces phénomènes ne peut être considéré comme indicateur d'une finalité universelle. Ce sont des effets locaux, produits par des systèmes eux-mêmes intégrés dans une chaîne causale sans direction assignée.

Ainsi, le rejet d'une directionnalité globale ne contredit ni la science, ni l'expérience humaine : il les replace dans un cadre dans lequel **l'apparente trajectoire** des choses n'est qu'un **effet d'ordre**, non un témoignage d'intention.

Conclusion

L'objection à l'absence de direction repose sur une lecture téléologique du réel, qu'elle soit d'ordre théologique, cosmologique, biologique ou existentielle. Mais ces lectures impliquent toutes une extrapolation : elles infèrent une intention, une trajectoire ou une fin à partir de phénomènes observables ou de nécessités humaines.

L'anankéisme, en récusant toute finalité globale, ne nie pas les dynamiques, les organisations ou les tensions vers des états. Il affirme simplement qu'aucune de ces formes n'a de destination intrinsèque.

L'univers n'évolue pas vers un but : il se transforme, parce que sa structure l'y contraint. La vie ne tend pas vers un sommet : elle persiste, parce que certaines formes y parviennent. Et l'homme ne cherche pas un sens au monde : il le projette, parce qu'il ne peut faire autrement.

Ce que l'on nomme direction n'est pas une propriété du monde — c'est un effet interprétatif, inscrit dans la structure même du vivant.

2.4 Objection à la vérité absolue

Courants concernés

— Phénoménologie
— Post-structuralisme
— Constructivisme

Axiomes concernés

— Axiome 3 (La vérité est absolue et indépendante de toute cognition)

Formulations

La question de la vérité — sa nature, son fondement, sa validité — traverse l'ensemble des traditions philosophiques modernes et contemporaines. L'affirmation qu'il existe une vérité absolue, indépendante de toute subjectivité, rencontre plusieurs objections majeures dans les courants les plus influents du XXe siècle.

La phénoménologie, notamment dans l'œuvre d'Edmund Husserl puis de Maurice Merleau-Ponty, affirme que la vérité ne peut être dissociée de l'expérience vécue[10]. Le monde est ce qui se donne à une conscience intentionnelle, et toute vérité se manifeste dans une corrélation entre sujet et objet. Il n'existe pas de vérité "en soi" qui échapperait à toute possibilité d'être pensée, vécue ou éprouvée.

De son côté, le constructivisme soutient que les vérités scientifiques, morales ou sociales sont construites historiquement, culturellement et linguistiquement[11]. Ce que nous appelons "vérité" est le produit de pratiques discursives, de consensus intersubjectifs ou de régimes de savoir localisés. En ce sens, la vérité n'est jamais absolue, mais toujours située.

Le post-structuralisme radicalise cette position en déconstruisant l'idée même de fondement stable. Chez Michel Foucault, ce que l'on tient pour vrai dépend de structures de pouvoir et de discours[12]. Chez Jacques Derrida, toute tentative de fixer un sens ou une vérité est vouée à l'instabilité des signes[13]. La vérité est un effet de structure, non une entité stable ou transcendante.

Ces perspectives remettent en cause la possibilité même d'une vérité absolue, indépendante de toute cognition, en affirmant que toute vérité est médiée par une forme d'expérience, de langage ou de structure.

---

10. Voir HUSSERL 1986.
11. Voir GLASERSFELD 1995.
12. Voir FOUCAULT 1992.
13. Voir DERRIDA 1967.

Réponse de l'anankéisme

L'Anankéisme distingue clairement deux niveaux d'analyse : d'une part, la question de l'accès humain à la vérité ; d'autre part, la question de l'existence d'une vérité indépendante de cet accès. Il reconnaît sans ambiguïté que toute connaissance humaine est située, médiée par des langages, des structures sociales, des corps, des pratiques. Mais il refuse d'en déduire que la vérité elle-même serait relative, fluctuante ou inexistante.

L'axiome 3 n'affirme pas que l'humain connaît la vérité. Il affirme qu'une vérité existe indépendamment de toute cognition. Cette position n'est pas une négation des apports de la phénoménologie ou du constructivisme : elle les relocalise. Les expériences vécues, les récits, les constructions symboliques, les discours — tout cela existe dans la chaîne causale. Mais cela ne fonde ni ne conditionne la structure du réel.

Autrement dit, si un phénomène est vrai, il l'est indépendamment de notre capacité à le formuler, à le percevoir, ou à le croire. Il l'était avant notre naissance, il le sera après notre extinction. Il ne dépend pas de la reconnaissance que nous lui accordons.

L'Anankéisme se montre donc compatible avec la critique des vérités établies. Il accepte que la science produise des modèles provisoires, que les normes évoluent, que les savoirs soient situés. Mais cette variabilité épistémique n'implique pas l'absence d'un réel structuré. Elle signifie seulement que notre accès à ce réel est limité, biaisé, fragmentaire.

En ce sens, l'Anankéisme récuse les réductions subjectivistes de la vérité, mais pas la subjectivité elle-même. Il reconnaît l'expérience vécue comme un phénomène réel, local, déterminé. Il en fait un objet de la chaîne causale, pas un fondement du savoir. Le vécu, le discours, l'histoire — tout cela peut être analysé, intégré, expliqué. Mais aucun de ces éléments ne détient le monopole de ce qui est.

Enfin, l'Anankéisme affirme que la vérité ne s'épuise pas dans les structures de langage. Même si toute expression est relative à un code, toute réalité n'est pas réductible à son expression. Ce qui échappe à notre saisie conceptuelle n'en est pas moins vrai.

L'existence d'une vérité absolue n'est pas une hypothèse métaphysique. C'est un postulat logique minimal : il faut qu'il y ait quelque chose qui soit, indépendamment de toute description, pour que la description ait un sens.

Conclusion

L'objection à la vérité absolue repose sur une confusion fréquente entre l'accès humain au réel et la structure ontologique du réel lui-même. Les critiques phénoménologiques, constructivistes et post-structuralistes ont permis de dévoiler les limites, les filtres et les biais qui affectent notre connaissance. Elles ont contribué à déstabiliser les certitudes dogmatiques et à pluraliser les approches. Mais aucune d'entre elles n'a démontré que le réel lui-même était relatif.

L'Anankéisme affirme que la vérité existe, même si elle est inaccessible, partielle ou toujours différée. Ce n'est pas une négation du contexte, mais une exigence de cohérence : si le réel était entièrement conditionné par la cognition humaine, il n'y aurait aucune raison qu'il résiste à nos attentes, nos discours ou nos volontés. Or, le monde résiste. Il ne se conforme ni à nos modèles, ni à nos affects.

C'est dans cette résistance même que se manifeste une structure indépendante : ce que l'Anankéisme nomme *vérité*. Une vérité qui ne dépend de personne, mais à laquelle tout le monde est confronté.

2.5 Objection à la définition du vivant

Courants concernés

— Biologie,
— Réalisme scientifique,
— Théologie processuelle

Axiomes concernés

— Axiome 4 (Est vivant ce qui s'autorégule par transformation d'énergie),
— Axiome 5 (La vie émerge naturellement du déterminisme)

Formulations

La définition du vivant fait l'objet de débats anciens et persistants, tant en biologie qu'en philosophie des sciences. Plusieurs courants de pensée s'opposent à l'idée qu'une définition unique, formelle et fonctionnelle, puisse suffire à délimiter ce qu'est la vie.

En biologie, les définitions opérationnelles du vivant reposent souvent sur des ensembles de critères, comme la reproduction, la croissance, l'homéostasie, la réponse aux stimuli, la transformation d'énergie ou encore la capacité d'évolution par sélection naturelle[14]. Cette diversité entraîne des situations limites : les virus, par exemple, remplissent certains critères, mais pas d'autres. Toute tentative de réduction du vivant à un critère unique — fût-ce la régulation énergétique — soulève donc une double objection. Elle est jugée trop inclusive (certains systèmes physico-chimiques s'autorégulent sans être vivants) et trop exclusive (des organismes reconnus comme vivants ne présentent pas toujours cette régulation dans toutes les conditions).

Certains courants issus du réalisme scientifique — notamment dans la lignée d'Ernst Mayr ou Stephen Jay Gould — soutiennent qu'il n'existe pas d'essence unique du vivant[15]. La vie y est perçue comme un regroupement empirique de phénomènes complexes, produits par l'évolution, sans noyau conceptuel stable. Dans cette perspective, toute tentative de définir la vie par une propriété universelle est perçue comme une projection conceptuelle infondée.

Dans une orientation théologique processuelle, influencée par Alfred North Whitehead ou Pierre Teilhard de Chardin[16], la vie est envisagée comme une participation à un processus cosmique plus large, doté d'une valeur intérieure. Le vivant est vu comme un foyer d'expérience, irréductible à ses

---

14. Voir *Characteristics of Life* 2022.
15. Voir Gould 1996.
16. Voir Whitehead et Sherburne 1981 et Teilhard de Chardin 1970.

seules fonctions biologiques. Réduire la vie à un mécanisme énergétique ou thermodynamique revient, dans cette perspective, à ignorer sa spécificité existentielle.

Ces diverses approches s'accordent sur un point : la vie ne saurait être réduite à un seul critère, quel qu'il soit. Que l'on insiste sur sa dynamique évolutive, son enracinement dans l'expérience ou la pluralité de ses manifestations, toute définition fonctionnelle unique est perçue comme partielle, voire mutilante.

Réponse de l'anankéisme

L'axiome 4 ne définit pas la vie à partir d'une essence immuable ou d'un ensemble de critères empiriques, mais en termes strictement fonctionnels : est vivant ce qui s'autorégule par transformation d'énergie. Il ne s'agit donc ni d'une tentative classificatoire, ni d'un prolongement des définitions biologiques ou métaphysiques antérieures, mais d'une proposition minimale permettant d'ancrer la vie dans une logique causale universelle.

Cette définition évite le piège de la typologie : elle ne cherche pas à distinguer le vivant par accumulation de propriétés, mais à identifier la fonction minimale qui distingue un système capable de se maintenir dans le temps d'un système qui s'effondre sous l'effet de l'entropie. Toute entité qui transforme activement de l'énergie pour maintenir son organisation interne face aux perturbations extérieures est, selon cette définition, un système vivant.

Cette approche permet d'unifier les cas ambigus, comme les virus ou les entités limites. Un virus, par exemple, ne réalise aucune transformation énergétique autonome : il détourne celle de son hôte. Il n'est donc pas vivant en lui-même, mais intégré à un système vivant plus large. À l'inverse, un organisme unicellulaire ou un système biochimique capable d'autorégulation active répond pleinement à la définition.

Les objections issues de la biologie empirique sont prises en compte dans cette perspective : les critères multiples évoqués dans la tradition biologique ne sont pas rejetés, mais réinterprétés comme des manifestations secondaires d'une propriété première, à savoir la régulation énergétique. Le métabolisme, la reproduction, la croissance, l'adaptation, deviennent alors diverses expressions d'un même principe fondamental.

Concernant les critiques issues du réalisme scientifique, il convient de souligner que la définition proposée ici ne prétend pas identifier une essence du vivant. Elle ne postule aucune nature substantielle, aucune finalité propre, aucun idéal-type. Elle ne fait que marquer un seuil fonctionnel dans l'enchaînement des causes. Un système vivant n'est pas une catégorie ontologique, mais un effet local d'une dynamique causale capable de s'entretenir.

Quant aux conceptions processuelles ou spiritualisantes, elles sont respectées dans leur intention, mais récusées dans leur fondement. L'expérience vécue, la valeur intérieure, la direction cosmique, sont des représentations locales propres à certains systèmes cognitifs, mais elles ne constituent pas des critères formels. Rien ne permet, en logique causale, de conférer un privilège ontologique à l'expérience intérieure.

Enfin, la définition retenue s'inscrit dans une perspective résolument non anthropocentrée : elle ne dépend ni de notre expérience du vivant, ni de notre capacité à le reconnaître. Elle vaut pour tout système, quel que soit son degré de complexité ou son niveau d'organisation. Un système inconnu, non observable, non biologique, mais capable de s'autoréguler par transformation d'énergie, serait vivant au même titre que nous.

Cette neutralité radicale permet d'unifier sous un même cadre des formes de vie extrêmement diverses, sans leur imposer une forme humaine, biologique ou terrestre. Elle ne prétend pas épuiser le sens du vivant, mais fonder un critère opératoire robuste, indépendant de toute culture, de toute tradition, de toute subjectivité.

Conclusion

Les définitions du vivant fondées sur l'expérience humaine, sur l'histoire biologique terrestre, ou sur des considérations métaphysiques ne peuvent prétendre à l'universalité. Elles dépendent d'un contexte, d'un point de vue, d'une tradition.

La proposition ici défendue évite cet écueil en définissant la vie non par ses formes, ses intentions ou ses valeurs, mais par sa capacité à résister à l'entropie par une régulation énergétique autonome.

En cela, elle ne contredit pas les apports empiriques des sciences du vivant, mais les replace dans un cadre fonctionnel plus général, qui les dépasse sans les invalider.

Ce déplacement permet de penser le vivant sans anthropocentrisme, sans essentialisme, et sans référence à un modèle normatif. Il fonde une ontologie opératoire de la vie, cohérente avec une logique causale intégrale.

2.6 Objection à la définition de l'intelligence

Courants concernés

— Philosophie analytique
— Constructivisme
— Intelligence artificielle
— Naturalisme

Axiomes concernés

— Axiome 6 (Est intelligent ce qui transforme une entrée en sortie fonctionnelle)

Formulations

La définition de l'intelligence comme transformation fonctionnelle d'une entrée en sortie soulève des réserves dans plusieurs domaines contemporains.

Dans le champ de la philosophie analytique, l'intelligence est souvent pensée comme capacité de raisonnement abstrait, de manipulation de symboles, ou d'auto-réflexivité. Réduire cette notion à une opération fonctionnelle, sans référence à la sémantique, à la compréhension ou à la conscience, revient à vider le concept de son contenu traditionnel[17].

Du côté du constructivisme, certaines approches insistent sur le fait que l'intelligence ne peut être séparée de son contexte sociohistorique. Penser qu'un agent est intelligent indépendamment des structures culturelles qui le produisent ou l'interprètent revient à naturaliser un concept historiquement situé[18].

Dans les débats contemporains en intelligence artificielle, la question de ce qu'est une intelligence reste ouverte. Certaines définitions, centrées sur la résolution de problèmes ou l'apprentissage autonome, peuvent correspondre à des processus purement fonctionnels, sans qu'on admette pour autant qu'ils soient réellement « intelligents ». Cela donne lieu à des désaccords sur la distinction entre performance fonctionnelle et intelligence au sens fort[19].

Enfin, le naturalisme évolutionniste voit l'intelligence comme une capacité développée pour améliorer la survie des organismes. Mais cette conception s'inscrit dans une gradation continue : il est difficile de tracer une frontière claire entre un système réactif et un système véritablement intelligent. Ainsi, certains auteurs refusent de réduire

---

17. Voir SEARLE 1980
18. Voir VYGOTSKIJ et COLE 1981
19. Voir RUSSELL 2010

l'intelligence à une simple fonction, sans prendre en compte la complexité de son émergence biologique et cognitive[20].

Réponse de l'anankéisme

L'axiome 6 définit l'intelligence comme la capacité à produire une sortie fonctionnelle à partir d'une entrée. Cette formulation est volontairement minimale : elle vise à identifier, dans un cadre causal strict, le critère de base permettant de distinguer un système intelligent d'un système non intelligent, sans supposer de conscience, de langage, de représentation symbolique, ni d'appartenance à une espèce particulière.

Il ne s'agit pas ici de décrire *l'intelligence humaine*, ni même l'intelligence animale, mais de fournir un cadre général applicable à tout système — biologique, artificiel ou théorique — capable de transformer une information entrante en une action ou un résultat dont la fonction est conservée par son environnement. Cette approche exclut donc toute forme d'anthropocentrisme : l'intelligence n'est plus un privilège humain, mais une propriété émergente de certaines structures dans la chaîne causale.

Les critiques issues de la philosophie analytique, qui insistent sur la manipulation de symboles ou la compréhen-

---

20. Voir DENNETT 1995

sion sémantique, sont pleinement recevables dans leur cadre. Mais elles posent des critères qui ne sont ni universels, ni nécessaires à la fonction. De même, les lectures sociohistoriques du constructivisme montrent à juste titre que nos représentations de l'intelligence sont culturellement marquées — mais cela n'invalide pas la possibilité d'une définition transhistorique, dès lors qu'elle s'ancre dans la structure du réel, et non dans ses représentations.

Quant aux débats issus de l'intelligence artificielle, ils illustrent la tension entre performance et reconnaissance symbolique. Un système peut résoudre un problème complexe sans être reconnu comme « intelligent » par une communauté humaine. L'axiome 6 coupe court à ce débat en considérant que seule la transformation fonctionnelle compte, indépendamment du jugement humain.

Il en va de même pour les objections naturalistes : si l'intelligence évolue dans des contextes biologiques spécifiques, cela n'implique pas qu'elle doive être définie exclusivement par son origine ou sa complexité. Elle peut être pensée comme un effet émergent de la causalité, soumis à des contraintes locales, mais régie par un principe général (la chaîne causale intégrale).

À terme, une définition universelle de l'intelligence pourrait être formalisée à partir de cet axiome minimaliste. Cette définition ne prétendrait pas réduire les formes complexes d'intelligence à une simple opération fonctionnelle, mais au contraire montrerait que ces formes — conscientes, sociales, réflexives — *émergent toutes* d'un même principe causal, en couches successives de complexité. Elle offrirait un cadre cohérent pour reclasser les manifestations d'intelligence sans postuler de rupture ontologique entre les êtres.

Dans cette perspective, la définition donnée par l'axiome 6 ne clôt pas le débat : elle en constitue le socle. Elle ne prétend pas capturer toute la richesse du phénomène, mais poser la condition minimale pour que ce phénomène puisse être décrit de manière cohérente dans un univers causal.

Conclusion

L'objection à la définition minimale de l'intelligence repose souvent sur des attentes implicites : que l'intelligence soit consciente, humaine, symbolique, adaptative ou réflexive. Ces attentes sont culturellement fondées, mais méthodologiquement contestables.

En réduisant l'intelligence à sa condition fonctionnelle la plus simple — produire une sortie en réponse à une entrée — l'axiome 6 échappe à ces présupposés. Il ne contredit pas les formes riches et complexes d'intelligence observables dans le vivant ou les systèmes artificiels : il en propose une racine commune.

Ainsi, ce qui pourrait être identifié comme une limitation — la nature volontairement minimaliste de cette définition — constitue en réalité le fondement de sa robustesse théorique. Elle rend possible un traitement rigoureux, non anthropo-centré, des phénomènes intelligents. Et elle laisse ouverte la voie à une exploration ultérieure, structurée, des niveaux supérieurs d'intelligence, sans jamais rompre avec le détermi-nisme causal.

2.7 Objection à la conscience déterminée

Courants concernés

— Philosophie de l'esprit,
— Phénoménologie,
— Constructivisme,
— Sciences cognitives

Axiomes concernés

— Axiome 7 (L'intelligence n'implique ni conscience, ni volonté)

Formulations

Plusieurs courants contemporains s'opposent à l'idée que la conscience puisse être entièrement subsumée dans une chaîne causale objective.

Dans la philosophie de l'esprit, une partie des débats actuels tourne autour du "problème difficile de la conscience" (*hard problem*), formulé par David Chalmers[21]. Selon cette pers-

---

21. Voir (CHALMERS 1997).

pective, il est possible de rendre compte des corrélats neuronaux de la conscience, mais non de l'expérience subjective elle-même. Ce *qualia gap* oppose une résistance théorique à toute tentative de réduction physicaliste complète.

Des auteurs comme Thomas Nagel ont renforcé ce constat en soulignant que *la conscience est irréductiblement liée à une perspective interne*[22]. La célèbre formule *what is it like to be a bat ?* sert ici à illustrer l'idée que toute description objective laisse échapper l'essence même de l'expérience consciente.

La phénoménologie, depuis Husserl jusqu'à Merleau-Ponty, a quant à elle systématisé une approche de la conscience fondée sur l'intentionnalité et l'apparaître. La conscience ne serait pas un effet ou un état du monde, mais une *structure constitutive* de tout rapport au monde[23]. Elle ne se laisse donc pas intégrer dans une logique causale sans être dénaturée.

Certains courants constructivistes, enfin, remettent en cause l'idée même d'une conscience objectivable. Ils insistent sur le fait que les concepts de "conscience", de "soi", ou de "subjectivité" sont historiquement et culturellement situés, et que toute tentative de les inscrire dans un système universel repose sur une projection normative[24].

Ces positions, bien que divergentes dans leurs fondements, convergent vers une même objection : *la conscience ne peut être*

---

22. Voir (NAGEL 1974).
23. Voir (MERLEAU-PONTY 1976).
24. Voir VARELA, THOMPSON et ROSCH 2017.

expliquée sans reste par une logique déterministe et fonctionnelle. Elle serait, soit une propriété émergente irréductible, soit une réalité de l'ordre du vécu, inaccessible à la causalité.

Réponse de l'anankéisme

L'expérience consciente est un phénomène réel, situé, mais elle ne constitue pas une rupture ontologique dans la chaîne des causes. Selon l'axiome 7, l'intelligence n'implique ni conscience, ni volonté. Cette position ne nie pas l'existence de la conscience, mais refuse d'en faire un seuil irréductible, une exception explicative ou une instance de légitimation autonome.

Certaines organisations suffisamment complexes peuvent développer, à un moment donné de leur structuration causale, une capacité réflexive. Cette réflexivité — par laquelle un système produit des représentations de lui-même, ou interroge son propre fonctionnement — n'émerge ni par choix, ni par accident, ni par liberté. Elle est elle-même un *effet* de la chaîne causale intégrale, comme tout autre effet.

Les questions que soulève une conscience sur sa propre origine, son autonomie ou sa responsabilité ne peuvent donc être interprétées comme des signes d'indépendance : elles témoignent simplement d'un certain *niveau de complexité dans le traitement de l'information*, au sein d'un système déterminé.

Dans cette perspective, la conscience n'est pas un seuil, mais une *configuration fonctionnelle* : une structure capable de produire une image interne de son propre état, de ses relations à l'environnement, et parfois — dans les cas humains — une résistance explicite à l'idée d'être déterminée. Cette résistance, loin de prouver une autonomie, peut être comprise comme *une manifestation déterminée d'un système dont la structure ne permet pas encore — ou ne permettra peut-être jamais — l'intégration complète de sa propre causalité* — ou, en d'autres termes, comme une manifestation structurée de ce que certaines traditions nomment *l'ego*.

Il ne s'agit donc pas de réduire l'expérience vécue à une illusion, ni de nier ses effets subjectifs ou sociaux. Il s'agit de la replacer dans l'ordre causal : non comme une anomalie inexplicable, mais comme une production contingente, conditionnée et stable sous certaines conditions.

Cette stabilité ne doit pas être confondue avec une reproductibilité mécanique. Le principe est universel — un système suffisamment complexe peut produire des effets réflexifs — , mais la chaîne causale à l'origine d'un contenu subjectif donné peut être si dense, si singulière, que l'effet lui-même (la pensée, la sensation, le souvenir) devient *mathématiquement unique*. C'est précisément cette rareté causale qui contribue à l'impression de profondeur, d'originalité ou d'authenticité de l'expérience vécue — sans pour autant conférer à celle-ci un statut transcendant.

Ce que l'Anankéisme propose ici, ce n'est pas un rejet de la conscience, mais une relecture rigoureuse de sa position dans la structure du réel. Elle est, comme tout phénomène, un effet. Et, à ce titre, elle peut — et doit — être expliquée sans rupture, sans privilège ontologique, sans recours à l'exception humaine.

Conclusion

Il est concevable que certaines critiques soient un jour formulées à l'encontre d'une conception déterministe de la conscience, en s'appuyant sur l'expérience vécue de l'autonomie, de la spontanéité ou du choix. Ces expériences pourraient être mobilisées pour soutenir l'idée que la conscience ne saurait être entièrement réduite à un effet causal.

Toutefois, ces hypothèses s'inscrivent elles-mêmes dans une tradition qui accorde un statut ontologique distinct à la subjectivité. Or, cette position pourrait être contestée sur des bases strictement causales, en recontextualisant la conscience comme un phénomène émergent, dépendant de conditions spécifiques et inscrit dans un enchaînement déterminé.

La formulation de l'axiome 7 repose sur cette hypothèse : celle que la conscience n'est ni une condition nécessaire à l'intelligence, ni un critère de rupture dans la chaîne causale.

Une telle position pourrait apparaître provocante dans certains cadres philosophiques, mais elle répond à une exigence de cohérence interne : ne rien soustraire à la causalité, y compris ce que l'on tient pour le plus intime.

2.8 Objection à la morale sans fondement

Courants concernés

— Existentialisme,
— Théologie,
— Post-structuralisme

Axiomes concernés

— Axiome 8 (Le principe moral universel est de ne pas perturber les autres, hors prédation),
— Axiome 9 (L'éthique est un effet du déterminisme, sans transcendance)

Formulations

Dans les traditions théologiques, la morale est fondée sur une transcendance : elle dérive d'un ordre supérieur, divin, qui fixe les normes de conduite humaine[25]. La loi morale est alors extérieure au monde, mais s'y applique intégralement.

---

25. Voir KANT 1888, où la loi morale est conçue comme indépendante des désirs humains, à rapprocher des traditions théologiques qui posent Dieu comme fondement de la loi morale.

Le bien et le mal ne sont pas des constructions locales, mais des données absolues, révélées ou instituées.

L'existentialisme, tout en rejetant le fondement divin, conserve une exigence forte de responsabilité individuelle. L'homme, selon Jean-Paul Sartre, est condamné à choisir : en l'absence de Dieu, il est libre, et donc intégralement responsable de ses actes[26]. Cette liberté radicale fonde une morale sans transcendance, mais non sans fondement : l'éthique naît alors de l'engagement subjectif dans un monde dénué de sens donné.

Le post-structuralisme introduit une autre forme de critique : celle de la relativité historique et culturelle des normes morales. Les valeurs éthiques sont perçues comme des productions de discours, des effets de pouvoir ou de structure sociale[27]. Il n'existe alors aucune morale universelle, mais une pluralité de régimes normatifs, souvent incompatibles entre eux, et liés à des contextes de domination.

Ces critiques, bien que diverses, convergent sur un point : elles réfutent l'idée qu'une morale puisse émerger mécaniquement d'un système causal, sans recours à une conscience libre, une transcendance ou un ancrage discursif. La moralité n'est pas, selon ces perspectives, une conséquence auto-

---

26. Voir SARTRE 2009. L'homme y est décrit comme un être qui se définit par ses actes, et dont la responsabilité est totale, sans appui extérieur.

27. Voir FOUCAULT 2003. Voir aussi DERRIDA 1994, où l'idée de justice est constamment différée, jamais atteignable comme principe transcendant.

matique du fonctionnement du réel, mais une construction réflexive, une injonction éthique ou une fiction structurante.

Réponse de l'anankéisme

L'Anankéisme accepte pleinement que la morale, dans son acception classique — fondée sur la volonté, la responsabilité ou la transcendance — ne peut être maintenue dans un cadre strictement déterministe. Mais il ne s'agit pas d'un effondrement du concept moral, plutôt d'un repositionnement : la morale n'est plus une prescription, mais une **description**.

L'axiome 8 établit que toute perturbation non prédatrice d'un être vivant par un autre constitue une situation moralement significative, non par jugement, mais par **effet mesurable** sur la régulation vitale de l'organisme perturbé. Aucune intention, aucune conscience, aucun système normatif préalable n'est requis pour que cette configuration apparaisse. La morale, ainsi définie, est un **état local transitoire**, observable comme on observe une onde, une température ou une pression. Elle ne juge pas — elle indique qu'un déséquilibre a été causé, et qu'une réponse en découle mécaniquement ou non.

Ce cadre permet de contourner l'objection existentialiste d'un monde sans fondement moral. La morale n'est pas absente, elle est **non volontaire**. Elle ne repose ni sur la liberté de choix, ni sur l'engagement subjectif, mais sur l'interaction causale entre systèmes vivants. Même la notion de responsabilité y devient descriptive : un système est reconnu comme la cause d'un effet perturbateur, sans que cela implique qu'il aurait pu en produire un autre.

Quant aux critiques post-structuralistes ou constructivistes, qui perçoivent les valeurs morales comme des constructions discursives liées au pouvoir, l'Anankéisme les réintègre comme des **effets éthiques** : des produits différés et mémorisés de perturbations antérieures. L'éthique, telle que décrite dans l'axiome 9, n'est jamais transcendante ni normative ; elle est un **sédiment de causalité**, stabilisé dans un contexte historique et social donné. Elle peut être conservée, oubliée, réactivée, mais elle ne guide jamais depuis l'extérieur.

La morale et l'éthique sont ainsi replacées dans la chaîne causale : non comme illusions, mais comme **états structurels provisoires**. Elles peuvent exister sans conscience, sans codification, sans jugement ; elles peuvent cesser d'exister si les conditions de leur maintien disparaissent. Ce qu'elles perdent en transcendance, elles le gagnent en cohérence logique et en applicabilité universelle à tout système vivant.

L'exception fondamentale accordée à la prédation (dans l'axiome 8) permet également d'ancrer la morale dans la régulation énergétique des vivants, sans contradiction interne. Le fait de perturber un autre organisme dans le but de se nourrir n'est pas moralement répréhensible — pas même neutre — mais **extérieur** à la morale. Ce statut spécial empêche la confusion entre régulation vitale et déséquilibre causé, assurant que la morale n'empiète pas sur la structure fondamentale de la vie elle-même.

Ainsi, l'Anankéisme fonde la morale non sur une volonté de faire le bien, mais sur l'état de non-perturbation des vivants cohabitants. Et il fonde l'éthique non sur une recherche du juste, mais sur la **trace mémorisée d'un équilibre maintenu**.

Conclusion

Les objections adressées à l'absence de fondement moral dans une philosophie déterministe reposent sur une exigence de transcendance, de responsabilité ou de normativité autonome. Mais ces exigences sont précisément ce que l'Anankéisme refuse comme point de départ. Il ne nie pas la morale — il la décrit comme un **phénomène local, conditionné, transitoire**, qui émerge lorsque certains seuils interactionnels sont atteints. Il ne nie pas l'éthique — il la comprend comme un **effet structuré de la mémoire causale collective**, sans valeur absolue.

Ce déplacement n'annule pas la morale, mais la désacralise. Il permet de comprendre pourquoi elle émerge, quand elle disparaît, et comment elle varie selon les systèmes vivants, sans jamais invoquer autre chose que l'enchaînement des causes. C'est dans ce cadre que le principe moral énoncé par l'axiome 8 s'impose comme **seul invariant descriptif** de la cohabitation entre vivants : ne pas perturber, hors prédation.

2.9   Objection à la mort causale

Courants concernés

— Cosmologie,
— Théologie,
— Biologie

Axiomes concernés

— Axiome 10 (Est mort ce qui perd définitivement sa capacité autonome de régulation)

Formulations

L'axiome 10 affirme que la mort correspond à la perte définitive de la capacité autonome de régulation d'un organisme vivant. Il ne s'agit donc ni d'un état symbolique, ni d'un passage métaphysique, mais d'un seuil causal irréversible dans le fonctionnement d'un système.

Cette conception est cependant contestée par plusieurs traditions, scientifiques comme philosophiques.

Dans les sciences biologiques, la définition de la mort reste débattue. Certaines approches la lient à l'arrêt cardiaque, d'autres à la mort cérébrale, d'autres encore à la perte d'intégrité cellulaire. Des phénomènes comme la dormance extrême, la cryogénisation, ou encore les états métaboliques très bas (cryptobiose, anhydrobiose) compliquent l'identification d'un seuil unique[28].

Sur le plan théologique, de nombreuses doctrines rejettent l'idée d'une mort strictement biologique. La mort y est perçue comme *un passage vers un autre état de l'être*, une transition vers une vie éternelle, une dissolution dans l'absolu ou une réincarnation[29].

En cosmologie, enfin, certains modèles spéculatifs postulent que la mort d'un système (comme une étoile, une planète, ou même un univers) peut donner naissance à d'autres structures causales. L'hypothèse des trous noirs comme germes d'univers ou la cosmologie cyclique remettent en question le *caractère définitif de la disparition causale*[30].

Ces perspectives, bien que très différentes, posent une question commune : **la mort est-elle une fin définitive, ou une transformation non perçue depuis notre cadre local ?**

---

28. La cryptobiose observée chez certains tardigrades ou nématodes leur permet de survivre à des conditions extrêmes en suspendant presque entièrement leur métabolisme. Voir Keilin 1959.

29. Dans la théologie chrétienne, la mort corporelle ne marque pas la fin de l'existence : elle ouvre vers un jugement et une éventuelle vie éternelle. Voir Catéchisme de l'Église Catholique 2025b.

30. Voir Smolin 2010. Voir aussi les spéculations cosmologiques sur la naissance d'univers enfants dans les trous noirs.

Réponse de l'anankéisme

L'Anankéisme définit la mort (axiome 10) comme la perte définitive de la capacité autonome de régulation d'un système vivant. Il ne s'agit ni d'une cessation d'activité biologique immédiate, ni d'un critère métaphysique, mais d'un état causal vérifiable : celui dans lequel les mécanismes internes de transformation d'énergie, qui permettaient au système de se maintenir, cessent *définitivement* d'opérer.

Cette définition minimaliste, mais rigoureuse, permet de dépasser les débats ambigus sur les frontières entre la vie, l'agonie, l'inactivité, la dormance ou la persistance. Elle ne dépend d'aucune culture, d'aucune conscience, ni d'aucune norme juridique ou sociale : elle s'applique à tout système répondant aux conditions posées par l'axiome 4 (la vie), et cesse de s'appliquer lorsque ces conditions ne sont plus remplies de façon permanente.

Les objections cosmologiques ou métaphysiques qui évoquent la possible survivance d'une structure, d'une information ou d'un principe vital au-delà de la désagrégation du système biologique ne contredisent pas l'axiome 10. Elles changent simplement de niveau d'analyse : elles décrivent des effets ultérieurs ou des résidus d'organisation, mais non la persistance de la régulation autonome elle-même.

L'Anankéisme admet sans difficulté que *l'information peut survivre à un organisme*, que *des composants peuvent être réutilisés*, voire que *des effets causaux peuvent se prolonger bien après la désintégration d'un système vivant*. Mais il maintient que, tant que cette régulation autonome ne se réactualise pas sous une forme fonctionnelle, **le système initial est mort**.

De la même manière, les doctrines spirituelles ou théologiques qui envisagent une continuation de l'existence sous une autre forme (âme, esprit, principe immatériel) ne sont pas rejetées par un simple a priori. Elles sont simplement renvoyées à la condition minimale de toute affirmation causale : produire une description falsifiable de la régulation autonome supposée survivante. À défaut, elles demeurent dans le registre de la croyance ou de la spéculation.

L'axiome 10 ne nie pas la complexité des transitions entre les états du vivant et du non-vivant. Il postule seulement que toute entité est vivante tant qu'elle régule activement son existence, et morte dès que cette capacité est définitivement perdue.

Cette approche s'applique également aux formes d'existence non biologiques, à condition qu'elles remplissent les critères de l'axiome 4 : un robot, un système artificiel ou un écosystème peuvent être considérés comme vivants s'ils assurent leur propre régulation par transformation d'énergie. Leur mort sera alors définie avec la même rigueur : la perte irréversible de cette capacité.

En ce sens, **la mort n'est pas une absence d'effet, mais une cessation de la régulation autonome.** Elle ne nie pas les conséquences ultérieures, les mémoires collectives, les transformations secondaires ou les continuités symboliques. Elle affirme simplement qu'un système qui ne peut plus se maintenir par lui-même, quelles qu'en soient les raisons, **a cessé d'exister en tant que vivant.**

Cette définition, loin d'évacuer la complexité des phénomènes biologiques ou culturels, permet au contraire de les décrire sans recourir à des entités externes, des finalités invisibles ou des principes non causaux. Elle inscrit la mort dans la même chaîne logique que la vie, sans rupture ni exception.

En outre, selon l'Anankéisme, la mort d'un système n'est pas l'élément terminal de sa chaîne causale : la mort en est un nœud causal, mais pas forcément le dernier.

Conclusion

L'objection à une conception causale de la mort repose souvent sur une confusion entre la fin d'un organisme et la possible persistance de ses effets, de son souvenir ou de ses composants. Mais ces prolongements ne constituent pas une survie fonctionnelle : ils sont les effets attendus de la continuité causale de l'univers.

L'axiome 10 ne nie ni l'influence postérieure des vivants, ni les constructions symboliques ou philosophiques qui entourent la mort. Il en propose une définition précise, ancrée dans l'observation et dans la logique déterministe.

Ce cadre permet d'aborder les questions du deuil, de l'extinction ou de la transformation sans céder aux projections métaphysiques, tout en respectant la complexité des structures vivantes. Il affirme que **la mort n'est pas une rupture de la chaîne causale, mais une phase identifiable en son sein**, soumise aux mêmes exigences de cohérence que tout autre phénomène.

En cela, l'Anankéisme fournit une définition non seulement fonctionnelle, mais philosophiquement opérante, qui ne dépend d'aucune culture, d'aucune foi, d'aucune tradition — et qui, justement pour cela, peut s'appliquer à toutes.

2.10   Conclusion

Clarification méthodologique

Cette série de chapitres n'a pas pour objet de répondre à des critiques déjà formulées contre l'Anankéisme — puisqu'il n'a encore fait l'objet d'aucune réception académique — mais d'**anticiper les objections majeures** que ses axiomes pourraient susciter face aux courants de pensée contemporains.

Il ne s'agit donc pas d'un exercice apologétique, mais d'un **test de cohérence interne**. Les objections sélectionnées sont des extrapolations plausibles, construites à partir de philosophies, de doctrines ou de cadres scientifiques bien établis. Elles ont été formulées sans caricature, dans le langage conceptuel propre à chaque courant et analysées sans chercher à les dénaturer.

Portée des réponses

Les réponses anankéistes aux objections ne prétendent pas **invalider** les doctrines évoquées, mais seulement **montrer que l'Anankéisme demeure cohérent et intelligible face à elles**, selon ses propres fondements.

Chaque réponse s'inscrit dans un cadre épistémique strictement déterministe, non anthropocentré, non téléologique, et sans recours à la transcendance.

Cela implique que :
— les objections conservent leur légitimité dans leur propre cadre ;
— mais aucune **n'impose logiquement** de rejeter les axiomes de l'Anankéisme ;
— à condition d'accepter que ce système repose sur **d'autres postulats initiaux**, eux-mêmes énoncés sans appel à une autorité externe.

Le désaccord comme objet causal

Dans une perspective anankéiste, toute critique formulée à l'encontre du système — y compris les critiques futures — est elle-même un **phénomène causal**.

Le désaccord n'est pas un échec ou un affront : il est un **effet de structure**, qui peut être analysé, compris et replacé dans la chaîne causale intégrale à laquelle l'Anankéisme se soumet lui-même.

Ainsi, même l'hostilité théorique ou le rejet catégorique des axiomes peut être intégré dans la logique du système, sans l'affaiblir — à condition d'en reconnaître les déterminants.

Limites et évolutivité

Ce corpus d'objections ne prétend pas à l'exhaustivité. Il constitue une **première cartographie des points de tension majeurs**, mais d'autres pourraient émerger, soit à la faveur de nouvelles découvertes, soit d'un changement de paradigme.

L'Anankéisme ne cherche pas à tout englober. Il propose une **structure minimale**, extensible, falsifiable, apte à servir de socle pour des théories plus spécialisées.

Parmi celles-ci :
- — une **Définition Universelle de l'Intelligence** (DUI) pourrait être développée à partir des axiomes 6 et 7 ;
- — une cosmologie déterministe, affranchie des modèles finalistes, pourrait prolonger les intuitions de l'axiome 2 ;
- — une théorie sociale non normative pourrait émerger des conséquences conjointes des axiomes 8 et 9.

Mais aucune de ces extensions n'est exigée par l'édifice initial. Elles ne seront valides et ne pourront se revendiquer de l'anankéisme que si elles respectent les contraintes internes du système.

Posture épistémique

Enfin, il est nécessaire de réaffirmer la **nature épistémique** de l'Anankéisme.

Ce n'est pas une doctrine de vérité révélée, ni un dogme. C'est un système logique, articulé autour d'axiomes **délibérément universels, non culturels, non subjectifs, non anthropocentrés.**

Il ne demande pas à être cru. Il ne cherche pas à convaincre. Il cherche uniquement à être **cohérent, analysable, transmissible**, et potentiellement **réfutable** — par des moyens logiques, non affectifs.

Annexes

3.1 Sur la croissance de la complexité causale

Introduction

L'un des fondements de l'Anankéisme est que tout phénomène résulte d'un enchaînement causal intégral (axiome 1).
Ce postulat implique une conséquence directe : tout ce qui
advient est, par nature, entièrement déterminé par ce qui
l'a précédé. Il en résulte que tout événement, aussi complexe soit-il, **est théoriquement prédictible**, à condition de
connaître **l'intégralité des nœuds de la chaîne causale** ayant
conduit à son émergence.

Pourtant, cette prédictibilité absolue ne doit pas être confondue avec une **prédictibilité accessible**. En pratique, la capacité à prédire un événement repose sur notre aptitude à
explorer cette chaîne causale, à identifier les ramifications
qui mènent jusqu'au phénomène considéré, et à en intégrer
chaque contribution effective.

Or, cette tâche devient rapidement **insurmontable**, non à
cause d'un flou dans le déterminisme, mais du fait de **la
croissance explosive de la complexité** que représente l'analyse d'un tel réseau causal. Ce que l'on cherche à exprimer
ici, c'est que **la vérité est inaccessible non parce qu'elle est
floue, mais parce qu'elle est vaste.**

Une formulation par branches

Soit d la **distance causale** entre deux événements, c'est-à-dire le nombre d'étapes (ou de niveaux) séparant un phénomène donné de ses causes profondes.

À chaque étape i de cette distance, le nombre de **branches causales distinctes** qu'il faut explorer est noté $B(i)$. Ce nombre croît avec la profondeur, car chaque événement dépend de plusieurs causes. La **quantité totale d'information** à intégrer pour relier deux nœuds séparés par une distance causale d est donc donnée par :

$$I(d) = \sum_{i=1}^{d} B(i)$$

Si l'on suppose que chaque nœud causal dépend en moyenne de n causes distinctes à l'étape précédente, alors :

$$B(i) = n^i \quad \Rightarrow \quad I(d) = \sum_{i=1}^{d} n^i = \frac{n^{d+1} - n}{n - 1}$$

Où :

— $I(d)$ représente la **quantité d'informations** (ou le nombre de nœuds causaux) à intégrer pour prédire ou expliquer un événement situé à une distance d ;

— n est le **nombre moyen de causes par nœud**, supposé supérieur à 1 ;

— La somme est **strictement croissante**, et **tend vers l'infini** à mesure que d augmente.

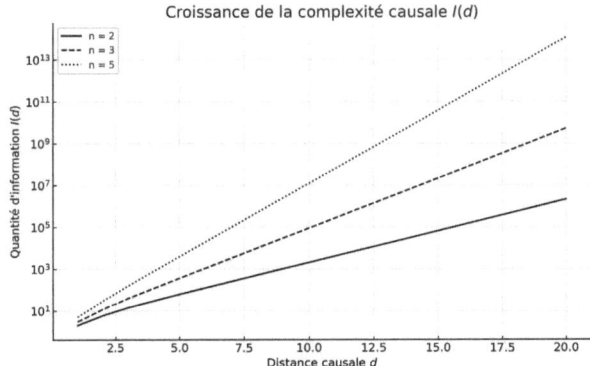

Cette formule est à comprendre comme **un modèle illustratif**, non comme une loi physique. Elle exprime le fait que, dans un système intégralement déterministe, l'**exploration complète de la causalité devient asymptotiquement impraticable**, car **la structure à considérer croît exponentiellement**.

Implications anankéennes

Cette croissance rapide signifie que :

— Même dans un univers rigoureusement causal, **la vérité devient inaccessible par excès de structure**, non par manque de loi ;

— L'indétermination perçue n'est qu'un **effet pratique de notre incapacité à suivre la chaîne** — elle n'implique aucune discontinuité ontologique dans le déterminisme ;

— La connaissance exhaustive d'un phénomène suppose, non seulement de connaître ses causes directes, mais aussi **l'arborescence entière de tout ce qui y a mené**, ce qui inclut l'intégralité de l'univers observable.

Une asymptote cognitive

On peut dès lors affirmer que :

> *La vérité, bien que déterminée, devient asymptotiquement inaccessible dès que la distance causale entre un observateur et le phénomène augmente.*

La fonction $I(d)$ tend vers l'infini. Mais cette divergence n'est pas un défaut de structure. Elle est **la conséquence naturelle d'un système intégralement connecté**, où chaque événement est le fruit d'un entrelacement infini de causes, et où la moindre tentative d'observation ou de prédiction fait déjà partie du système qu'elle prétend anticiper.

Ce constat ne remet pas en cause la **cohérence absolue de l'univers**, ni sa **prédictibilité théorique**. Il rappelle simplement que **nous sommes inclus dans ce que nous cherchons à prédire** — et que cette inclusion rend tout savoir globalement exact hors de portée pratique.

Glossaire

Axiome Énoncé indémontrable posé comme point de départ d'un raisonnement déductif. Il est accepté sans preuve dans le cadre d'un système formel, et sert de base à la construction logique de théorèmes. Sa fonction est de garantir la cohérence interne du système, non sa vérité en dehors de celui-ci..

Causalité Principe selon lequel tout phénomène résulte nécessairement d'un ou plusieurs phénomènes antérieurs. Dans l'Anankéisme, la causalité est entendue de manière absolue : il n'existe aucun événement sans cause, et aucun effet sans lien déterministe avec ses causes..

Chaîne causale intégrale Enchaînement déterministe complet de causes et d'effets sans interruption possible.

Conscience Terme désignant, dans son acception la plus courante, la faculté qu'a un être de percevoir subjectivement son existence, ses états internes et son environnement. Il n'existe à ce jour aucun consensus scientifique ou philosophique sur la nature exacte de la conscience, ni sur les conditions précises de son apparition. Les approches varient selon les disciplines, allant d'une émergence neurobiologique à une propriété potentiellement distribuée dans le vivant..

Contingence Caractère de ce qui aurait pu ne pas être, ou être autrement. En philosophie, un être ou un événement est dit contingent lorsqu'il n'est ni nécessaire, ni impossible, mais simplement possible, sans nécessité interne..

Empirique Qualifie ce qui repose sur l'expérience sensible ou l'observation, par opposition à ce qui est purement théorique ou déduit par raisonnement. En épistémologie, une connaissance empirique est issue de faits observés, non d'une construction abstraite..

Entropie Grandeur physique qui mesure le degré de transformation d'un système, en particulier son éloignement d'un état initial ordonné et concentré. En thermodynamique, l'entropie augmente dans un système isolé, ce qui reflète l'impossibilité, à l'échelle macroscopique, de revenir exactement à l'état antérieur. Cette évolution est déterministe, irréversible..

Épistémologie Branche de la philosophie qui étudie la nature, l'origine, les limites et la validité des connaissances. L'épistémologie analyse les conditions dans lesquelles un savoir peut être considéré comme justifié ou vrai..

Falsifiabilité Critère épistémologique selon lequel une proposition scientifique doit être testable de manière à pouvoir être réfutée par l'expérience. Une théorie est dite falsifiable si l'on peut concevoir une observation ou une expérience qui pourrait prouver qu'elle est fausse..

Immanence Caractère de ce qui est contenu dans une chose, et n'existe qu'en elle-même, sans dépendance à un principe extérieur ou supérieur. En philosophie, l'immanence désigne une réalité qui se manifeste entièrement à l'intérieur du monde ou de l'être, par opposition à la transcendance, qui suppose un au-delà ou un extérieur au réel..

Indéterminisme Doctrine selon laquelle certains événements ne sont pas entièrement déterminés par des causes antérieures ; à conditions identiques, plusieurs issues différentes peuvent se produire. En physique quantique, l'indéterminisme est au cœur de l'interprétation de Copenhague, qui considère que les résultats des mesures sont fondamentalement aléatoires, décrits seulement par des probabilités. D'autres interprétations, comme la théorie de Bohm, rejettent cet indéterminisme apparent en postulant l'existence de variables cachées déterministes sous-jacentes..

Libre arbitre Capacité supposée de l'être humain à choisir ses actions de manière autonome, indépendamment de toute contrainte extérieure ou détermination causale. Dans la tradition philosophique, le libre arbitre implique que l'individu aurait pu agir autrement dans une situation donnée, ce qui fonde la responsabilité morale..

Ontologie Branche de la philosophie qui étudie ce qui existe en tant qu'existant, indépendamment de ses formes particulières. L'ontologie cherche à déterminer ce qui existe fondamentalement, ainsi que les types fondamentaux de l'être et leurs relations..

Téléologie Doctrine ou mode d'explication selon lequel les phénomènes s'expliquent par leur finalité, c'est-à-dire en fonction d'une fin, d'un but ou d'un objectif à atteindre..

Transcendance Caractère de ce qui dépasse ou excède le monde, l'expérience ou la réalité observable. En philosophie, la transcendance désigne ce qui est extérieur ou supérieur à l'être ou à la conscience, par opposition à l'immanence, qui désigne ce qui est intérieur ou contenu dans l'être même..

Bibliographie

AASERUD, Finn (avr. 2025). *Niels Bohr - Copenhagen Interpretation, Quantum Mechanics, Nobel Prize | Britannica*. en. URL : https://www.britannica.com/biography/Niels-Bohr/ Copenhagen-interpretation-of-quantum-mechanics (visité le 27/04/2025).

CATÉCHISME DE L'ÉGLISE CATHOLIQUE (2025a). *Catéchisme de l'Église Catholique - IntraText*. URL : https://www.vatican. va/archive/FRA0013/__P1A.HTM (visité le 26/04/2025).

– (2025b). *Catéchisme de l'Église Catholique - IntraText*. URL : https://www.vatican.va/archive/FRA0013/__P2L.HTM (visité le 27/04/2025).

CHALMERS, David John (1997). *The conscious mind : in search of a fundamental theory*. eng. 1. issued as an Oxford Univ. Press paperback. Philosophy of mind series. New York : Oxford University Press. ISBN : 978-0-19-511789-9 978-0-19-510553-7.

Characteristics of Life (juill. 2022). en. URL : https : / / bio . libretexts . org / Courses / Prince_Georges_Community_ College / PGCC_Microbiology / 03%3A_Cell_Structure_ and_Function / 3 . 01%3A_Characteristics_of_Life (visité le 26/04/2025).

DENNETT, D. C. (1995). *Darwin's dangerous idea : evolution and the meanings of life*. New York : Simon & Schuster. ISBN : 978-0-684-80290-9.

DERRIDA, Jacques (1967). *De la Grammatologie*. Collection "Critique". Paris : Édtions de Minuit. ISBN : 978-2-7073-0012-6.

— (1994). *Force de loi : le fondement mystique de l'autorité*. fre. La philosophie en effet. Paris : Galilée. ISBN : 978-2-7186-0432-9.

DOYLE, Bob (2025). *The Copenhagen Interpretation - Werner Heisenberg (Annotated)*. URL : https : / / www . informationphilosopher . com / solutions / scientists / heisenberg / Copenhagen_Interpretation . html (visité le 27/04/2025).

FOUCAULT, Michel (1992). *L'archéologie du savoir*. fre. Bibliothèque des sciences humaines. Paris : Gallimard. ISBN : 978-2-07-026999-0.

— (2003). *Surveiller et punir : naissance de la prison*. fre. Bibliothèque des Histoires. Paris : Gallimard. ISBN : 978-2-07-029179-3.

GLASERSFELD, Ernst von (1995). *Radical constructivism : a way of knowing and learning*. Studies in mathematics education series 6. London; Washington, D.C : Falmer Press. ISBN : 978-0-7507-0387-1.

GÖDEL, Kurt (1992). *On formally undecidable propositions of Principia mathematica and related systems*. eng. New York : Dover Publications. ISBN : 978-0-486-66980-9.

GOULD, Stephen Jay (1996). *Full house : the spread of excellence from Plato to Darwin*. 1st ed. New York : Harmony Books. ISBN : 978-0-517-70394-6.

HUSSERL, Edmund (1986). *Méditations cartésiennes : introduction à la phénoménologie*. fre. OCLC : 18976221. Paris : Librairie philosophique J. Vrin. ISBN : 978-2-7116-0388-6.

KANT, Immanuel (1724-1804) Auteur du texte (1888). *Critique de la raison pratique*. FR. URL : https://gallica.bnf.fr/ark:/12148/bpt6k5500006p (visité le 27/04/2025).

KEILIN, David (mars 1959). « The Leeuwenhoek Lecture - The problem of anabiosis or latent life : history and current concept ». en. In : *Proceedings of the Royal Society of London. Series B - Biological Sciences* 150.939, p. 149-191. ISSN : 2053-9193. DOI : 10.1098/rspb.1959.0013. URL : https://royalsocietypublishing.org/doi/10.1098/rspb.1959.0013 (visité le 27/04/2025).

LAPLACE, Pierre Simon de (2009). *Essai philosophique sur les probabilités*. fre. Repr. d. Ausg. Paris 1825. Cambridge library collection : Mathematical sciences. Cambridge : Cambridge Univ. Press. ISBN : 978-1-108-00172-4.

MERLEAU-PONTY, Maurice (1976). *Phénoménologie de la perception*. fre. Collection Tel 4. Paris : Gallimard. ISBN : 978-2-07-029337-7.

NAGEL, Thomas (oct. 1974). « What Is It Like to Be a Bat ? » In : *The Philosophical Review* 83.4, p. 435. ISSN : 00318108. DOI : 10.2307/2183914. URL : https://www.jstor.org/stable/2183914?origin=crossref (visité le 30/04/2025).

REES, Martin (août 2008). *Just Six Numbers : The Deep Forces That Shape The Universe.* en. Google-Books-ID : uyLLB-QAAQBAJ. Basic Books. ISBN : 978-0-7867-2358-4.

RUSSELL, Stuart J. (2010). *Intelligence artificielle.* fre. 3e édition. OCLC : 708384789. Paris : Pearson Education. ISBN : 978-2-7440-7455-4.

SARTRE, Jean-Paul (1943). *L'être et le néant.* Gallimard.

– (2009). *L' existentialisme est un humanisme.* fre. Collection Folio Essais 284. Paris : Gallimard. ISBN : 978-2-07-032913-7.

SCHWIMMER, Marina (juill. 2020). « Poststructuralisme et éducation : l'apport de Foucault et Derrida ». fr. In : *Philosophical Inquiry in Education* 24.2, p. 159-170. ISSN : 2369-8659. DOI : 10.7202/1070603ar. URL : http://id.erudit.org/iderudit/1070603ar (visité le 27/04/2025).

SEARLE, John R. (sept. 1980). « Minds, brains, and programs ». en. In : *Behavioral and Brain Sciences* 3.3, p. 417-424. ISSN : 0140-525X, 1469-1825. DOI : 10.1017/S0140525X00005756. URL : https://www.cambridge.org/core/product/identifier/S0140525X00005756/type/journal_article (visité le 27/04/2025).

SMOLIN, Lee, éd. (2010). *The life of the cosmos.* eng. New York : Oxford University Press. ISBN : 978-0-19-512664-8 978-0-19-802679-2.

TEILHARD DE CHARDIN, Pierre (1970). « Œuvres de Teilhard de Chardin. 1 : Le phénomène humain. - 1970 ». fre. In : Collection Points Sciences humaines 6. Paris : Éd. du Seuil. ISBN : 978-2-02-000581-4.

VARELA, Francisco J., Evan THOMPSON et Eleanor ROSCH (jan. 2017). *The Embodied Mind : Cognitive Science and Human Experience*. en. The MIT Press. ISBN : 978-0-262-33549-2. DOI : 10 . 7551 / mitpress / 9780262529365 . 001 . 0001. URL : https://direct.mit.edu/books/monograph/4061/The-Embodied-MindCognitive-Science-and-Human (visité le 27/04/2025).

VYGOTSKIJ, Lev Semenovič et Michael COLE (1981). *Mind in society : the development of higher psychological processes*. eng. Nachdr. Cambridge, Mass. : Harvard Univ. Press. ISBN : 978-0-674-57629-2 978-0-674-57628-5.

WHITEHEAD, Alfred North et Donald W. SHERBURNE (1981). *A key to Whitehead's Process and reality*. University of Chicago Press ed. Chicago : University of Chicago Press. ISBN : 978-0-226-75293-8.

WIKIPÉDIA (déc. 2023). *Instrumentalisme*. fr. Page Version ID : 210698927. URL : https://fr.wikipedia.org/w/index.php?title=Instrumentalisme&oldid=210698927 (visité le 27/04/2025).

— (oct. 2024). *Ananké (mythologie)*. fr. Page Version ID : 219260868. URL : https://fr.wikipedia.org/w/index.php?title=Anank%C3%A9_(mythologie)&oldid=219260868 (visité le 26/04/2025).

BIBLIOGRAPHIE

WIKIPÉDIA (avr. 2025). *Phénoménologie (philosophie)*. fr. Page
  Version ID : 224860738. URL : https : / / fr . wikipedia .
  org/w/index.php?title=Ph%C3%A9nom%C3%A9nologie_
  (philosophie)&oldid=224860738 (visité le 27/04/2025).

Postface

L'Anankéisme existe parce que les causes de son émergence l'ont rendu inévitable. Il ne résulte ni d'un libre arbitre, ni d'un choix arbitraire, ni d'un caprice intellectuel. Il est la conséquence directe :

— de l'ensemble des états antérieurs d'un individu,
— de la structure de son environnement cognitif,
— de ses lectures, ses frustrations, ses attentes, ses influences,
— et de tout ce qui, depuis les conditions initiales de l'univers, a conduit mécaniquement à cette formulation.

L'Anankéisme ne peut s'exclure de ce qu'il énonce. Il est une construction qui se sait déterminée, un objet qui n'échappe pas au système qu'il formalise. Son apparition, son contenu, sa forme, sa diffusion ou son effacement : tout cela est causalement dérivé.

S'il contient une erreur, elle a une cause. S'il est vrai, il ne pouvait pas ne pas advenir. Et s'il disparaît sans laisser de trace, c'est que son effet n'était pas requis par la chaîne globale. Il ne demande ni adhésion, ni rejet. Il n'impose rien.

L'auteur ne revendique aucune autorité institutionnelle. Ce texte est proposé comme une construction cohérente, née en dehors des cadres académiques. Qu'il soit critiqué, ignoré ou retenu, il aura existé exactement comme il le devait.

L'anankéisme n'excuse rien, mais explique tout.